# LA
# JUSTICE PRIVÉE
## ET
# L'IMMUNITÉ

PAR

## M. AUG. PROST

Membre de l'Académie de Metz
et de la Société nationale des Antiquaires de France.

PARIS

1887

# LA JUSTICE PRIVÉE

ET

## L'IMMUNITÉ

Extrait des Mémoires de la Société nationale des Antiquaires de France, série V, tome VII, 1886.

# LA

# JUSTICE PRIVÉE

ET

# L'IMMUNITÉ

PAR

## M. AUG. PROST

Membre de l'Académie de Metz
et de la Société nationale des Antiquaires de France.

PARIS

1887

# LA JUSTICE PRIVÉE



## L'IMMUNITÉ

---

## SOMMAIRE.

**I. Préambule.** § 1. La justice privée. § 2. L'immunité. —
**II. L'immunité.** § 3. Les capitulaires, les formules, les
diplômes.—**III. Le diplôme d'immunité.** § 4. Le préambule et les quatre parties du diplôme. § 5. Première partie, les interdictions. § 6. Seconde partie, la concession de
l'immunité. § 7. Troisième partie, l'obéissance au souverain. § 8. Quatrième partie, la concession des droits du
fisc. — **IV. Les Freda.** § 9. Texte particulier aux lois
des Ripuaires et des Lombards. Première explication.
§ 10. Seconde explication. § 11. Dernières éditions de ces
lois. — **V. Les plaïds.** § 12. La juridiction de droit
commun. § 13. La juridiction dans l'immunité. § 14. Les
locutions *justitiam facere, reddere et percipere ;* les justices,
*justitiæ.* — **VI. La mundeburde royale.** § 15. Ses conditions originaires et ultérieures. § 16. Affaiblissement de
son régime. § 17. Altération de sens du mot. § 18. Elle
n'implique pas ainsi suppression de la juridiction des
juges ordinaires. — **VII. La justice privée.** § 19. Elle
n'est pas substituée par l'immunité à la justice publique.
§ 20. L'opinion contraire. — **VIII. L'origine de la jus-**

## I. PRÉAMBULE.

§ 1. — La justice dans un État est un des attributs de l'autorité souveraine. La justice privée
est comme un démembrement de la puissance
publique. Elle date de loin, et s'est conservée
presque jusqu'à nos jours dans les justices seigneuriales qui n'ont été abolies qu'en 1789 seulement.

La justice privée a eu pendant tout le moyen
âge une grande place dans le mécanisme de la
vie sociale. Tout ce qui la concerne est digne de
fixer l'attention. Le problème de son origine s'est
naturellement présenté à ceux qui se sont occupés
de cette institution, à ceux surtout qui, pour des
causes diverses, en ont ou attaqué ou défendu
la légitimité. Ainsi posée, la question a eu longtemps une portée pratique. Elle n'a plus aujour-
d'hui qu'un intérêt purement historique. Dans
ces termes, cependant, et à ce point de vue spécial, elle a encore de l'importance et mérite qu'on
s'y arrête.

§ 2. — Le privilège de l'immunité, diverse-
ment interprété, a de bonne heure été considéré
comme ayant joué un rôle dans les origines de
la justice privée. Jusqu'ici, cependant, on n'a pu
à cet égard se mettre d'accord ; les appréciations
diffèrent notablement sur le caractère et sur les
conséquences du privilège ; et, tandis que les uns
considèrent le titre de concession d'immunité

comme impliquant en même temps la concession et l'institution en quelque sorte immédiate de la justice privée, d'autres n'y voient que l'établissement d'un régime de bien moindre importance et d'une signification tout autre, dans le principe surtout, qui, loin d'être la source originaire de la justice privée, a simplement contribué, et pour une part seulement avec d'autres causes, à ses développements ultérieurs.

Malgré de nombreuses et savantes études, de nos jours principalement, sur cette question, en France et à l'étranger, elle est encore ouverte. Diverses causes ont de tout temps concouru à la compliquer et à en retarder la solution. Les intérêts contradictoires enfantés par le régime des justices seigneuriales y ont été d'abord pour beaucoup, et l'on ne s'est longtemps occupé de l'immunité que pour emprunter à ses conditions des arguments ou favorables ou contraires à ce régime, suivant le point de vue auquel on se plaçait. Plus tard, les justices seigneuriales ayant disparu, on a continué sur le même terrain le débat dans un esprit purement scientifique, en partant des conceptions antérieurement enfantées dans un intérêt pratique. En un mot, des idées préconçues et étrangères à la question de l'immunité elle-même ont généralement dominé dans les travaux dont elle a été l'objet. Entrant à notre tour dans le débat, après avoir accepté longtemps sur ce sujet des opinions d'emprunt, nous avons voulu, avant de prendre définitivement parti sur les points en discussion, examiner le privilège sans préoccupation autre que celle des faits constatés et de la teneur précise des textes dans les formules, dans les diplômes et dans les capitulaires. Cet examen occupe la première partie d'une étude publiée en 1882[0]. Nous allons en rappeler les conclusions essentielles. Il peut être bon de les remémorer avant d'aller plus loin.

## II. L'IMMUNITÉ.

§ 3. — Les textes relatifs au privilège de l'immunité sont très nombreux ; ils sont fournis surtout par les capitulaires, par les formules et par les diplômes. Les capitulaires dont on a de nombreuses éditions[1] contiennent, au milieu de dispositions de toute sorte relatives aux institutions et au régime général de la société, du VI<sup>e</sup> au IX<sup>e</sup> siècle, de nombreux renseignements sur le régime particulier de l'immunité, en vigueur dès cette époque. Ces renseignements sont de précieux éléments de discussion pour fixer le sens des indications fournies par les textes spéciaux, savoir

0. *L'Immunité. Étude sur l'origine et les développements de cette institution*, dans la *Nouvelle Revue historique du droit français et étranger*, 1882.

1. Celles notamment de Baluze, *Capitularia regum francorum*, t. I et II, 1780 ; de Pertz, *Monumenta Germaniæ historica. Legum* t. I et II, 1835-1837 ; et de Boretius, dans l'édition in-4° des *Monumenta. Legum* t. I et II, 1881.

les formules et les diplômes. Ceux-ci ne constituent en quelque sorte qu'une seule et même classe de documents, les formules n'étant autre chose que des modèles de rédaction conformes au texte des diplômes. Les formules de toute origine sont réunies dans le recueil définitif de M. de Rozière[2]. Quant aux diplômes, il en existe un très grand nombre. Sans parler de ceux qui sont encore inédits ou qui se trouvent dans des publications que nous n'avons pas pu consulter, nous en avons relevé un millier dans les grandes collections du *Gallia christiana*[3], de Dom Bouquet[4], de Lunig[5], de Muratori[6] et de Pertz[7].

### III. LE DIPLÔME D'IMMUNITÉ.

§ 4. — La plupart des titres d'immunité que l'on possède concernent des domaines ecclésiastiques. Ce n'est pas que le privilège leur fût spécialement et exclusivement réservé. Il était au contraire accordé aux grands possesseurs laïques

---

2. *Recueil général des formules usitées dans l'empire des Francs, du V<sup>e</sup> au X<sup>e</sup> siècle.* 3 vol. in-8°, 1859-1871.

3. *Gallia christiana*, t. I à XVI, in-fol., 1715-1865.

4. *Recueil des historiens des Gaules et de la France*, t. IV à XI, 1741-1767.

5. *Reichs-Archiv*, t. I à XXIV, 1713-1722.

6. *Antiquitates Italicæ*, t. I à VI, 1738-1742.

7. *Monumenta Germaniæ historica. Diplomatum* t. I, 1872. Nous avons préféré ce recueil à celui de Pardessus (1843-1849), parce qu'il est plus récent et plus facile à consulter, ne contenant que des diplômes, tandis que l'autre joint à ceux-ci un certain nombre de documents de nature différente.

aussi bien qu'aux églises[1]. Les circonstances ont particulièrement favorisé la conservation des titres ecclésiastiques ; ainsi s'explique en partie la prédominance de leur nombre dans les Recueils venus jusqu'à nous, et dans les dépôts actuels.

Les textes des formules et des diplômes d'immunité se rapportent tous à un type fixé de bonne heure, que beaucoup de titres reproduisent complètement et uniformément dès les premiers temps et jusqu'à la fin, c'est-à-dire du ve au xve siècle, et dont les autres renferment en plus ou moins grand nombre les diverses dispositions (§ 62, note 2). On voit par là comment, dressés sur un même plan, les diplômes d'immunité que nous possédons contiennent, les uns le type complet, les autres des spécimens incomplets, à divers degrés, du privilège. L'étude de ces documents[2] permet de reconnaître et de distribuer en quatre parties, indépendamment du préambule, les éléments qui constituent, dans leur ensemble, le privilège de l'immunité[3].

1. *L'Immunité,* 1882, § 3.

2. Le travail publié en 1882, que nous venons de rappeler tout à l'heure et d'où se dégagent nos conclusions, porte sur les diplômes surtout extraits du *Gallia christiana,* au nombre de 196, compris entre les dates extrêmes de 496 et de 1473 (*L'Immunité,* 1882, § 2). Les notions fournies par ceux que nous avons relevés ultérieurement dans les autres recueils mentionnés tout à l'heure (§ 3, notes 4, 5, 6, 7) sont parfaitement d'accord, à tous les points de vue, avec celles qui résultaient de cette première enquête.

3. Nous ne reproduirons pas ici le texte complet, et assez

Le préambule, auquel nous ne nous arrêterons pas, fournit quelques indications sur le caractère du privilège ; après quoi viennent les quatre parties que nous venons de signaler dans le corps même de celui-ci.

1<sup>re</sup> partie. — Interdiction à tout officier de justice, *judex publicus, vel quislibet ex judiciaria potestate*, d'entrer dans le domaine privilégié, *in possessiones ingredi* (§ 5).

2<sup>e</sup> partie. — Concession de l'immunité, défense, protection et mundeburde royale, *regia immunitas, defensio, tuitio, regis mundeburdium*, au possesseur privilégié (§ 6).

3<sup>e</sup> partie. — Maintien formel de la sujétion du privilégié envers le souverain, *imperio parere* (§ 7).

4<sup>e</sup> partie. — Concession des droits du fisc, *quidquid jus fisci exigere poterit*, au privilégié (§ 8).

Ainsi se classent les clauses ou constitutives ou accessoires du privilège d'immunité relevées, en plus ou moins grand nombre, dans les titres qui sont venus jusqu'à nous.

long, du titre d'immunité, nous bornant à renvoyer aux spécimens qu'on en trouve dans des recueils qui sont partout (§ 3, notes 2 à 7), et particulièrement à celui que nous avons publié dans notre premier travail (*L'Immunité*, 1882, § 4). Nous ferons observer que ce dernier texte appartient à la catégorie de ceux, relativement assez rares, qui contiennent toutes les parties essentielles de la formule (§ 62, note 2) ; sauf qu'il lui manque la concession accessoire de la mundeburde royale, qui ne se trouve exprimée que dans un très petit nombre, comme nous l'expliquerons (§ 15, note 1).

§ 5. — Des quatre parties que nous venons de signaler dans le privilège d'immunité, la première s'adresse aux agents de toute sorte de l'autorité publique, notamment aux comtes qui sont les principaux, pour leur défendre de pénétrer dans le domaine privilégié. On y trouve mentionnés les actes que l'interdiction d'entrer dans les lieux couverts par l'immunité empêche ces officiers d'y accomplir, savoir : juger ou tenir leurs plaids, *causas audire;* lever les produits de la justice et des impôts, *freda aut tributa exigere;* prendre gîte et provende, *mansiones vel paratas facere;* enlever des garants ou cautions, *fidejussores tollere;* saisir et contraindre les hommes libres et non libres habitant le domaine, *homines tam ingenuos quam servos super terram commorantes distringere;* percevoir des redevances ou tailles illicites, *redhibitiones aut illicitas occasiones requirere.*

Nous avons, dans notre précédente étude (1882), expliqué ce que sont les actes divers que nous venons d'énumérer, et dont l'immunité interdisait aux officiers publics l'accomplissement dans le domaine privilégié. Tout le monde est à peu près d'accord, croyons-nous, sur le caractère de ces actes, sauf pour ce qui est du premier d'entre eux, lequel nécessite quelques explications ; nous y reviendrons tout à l'heure (§§ 12, 13). Nous passons donc pour le moment sur la prohibition exprimée en tête de toutes les autres, celle qui interdit aux juges publics de juger ou tenir leurs plaids sur les terres de l'immunité. La seconde leur défend de venir y lever les produits de la justice, *freda*, et ceux des impôts, *tributa*. Il ne peut y avoir aucune incertitude sur la signification bien connue des mots *freda* et *tributa*, comme nous l'avons montré dans notre premier travail (1882). Cependant, pour ce qui est des *freda*, nous avons quelque chose à dire encore, et nous le dirons un peu plus loin (§§ 9 à 11), à propos de la manière dont il en est parlé dans un texte commun à la loi des Ripuaires et à celles des Lombards, qui exige certains éclaircissements.

On comprend, sans qu'il soit nécessaire d'y insister, quelles facilités offrait à l'arbitraire et aux abus la perception des *freda* et des *tributa* par les officiers publics auxquels l'enlevait l'immunité. La même observation s'applique à plus forte raison aux prises de gîte et de provende qui leur sont aussi interdites, ainsi qu'à la saisie par eux des hommes de l'immunité, soit pour servir de garants ou cautions, *fidejussores*, soit pour tout autre motif de justice, de police ou d'administration. Nous rappelons qu'en cela, pour ce qui concerne les *fidejussores*, il est question, non des cautions volontaires, mais des cautions forcées, comme nous l'avons expliqué ailleurs[1], occasion d'excès odieux auxquels il était mis fin par le pri-

---

1. *L'Immunité*, 1882, § 11.

vilège, dans les domaines couverts par l'immunité[2].

Plus significative encore dans le même sens est l'interdiction signifiée après toutes les autres aux officiers publics de lever désormais dans le domaine de l'immunité des redevances et des tailles illicites, *redhibitiones et illicitas occasiones*. La simple énonciation du fait, dans de pareils termes, montre qu'il s'agissait surtout de réprimer des abus, et donne par là son accent vrai et son évidente signification à l'article tout entier qui défend aux officiers publics d'entrer sur les terres couvertes par l'immunité. La défense d'y tenir leurs plaids, à l'examen de laquelle nous avons annoncé que nous reviendrions, n'a pas d'autre signification ni d'autre portée non plus. Nous le montrerons tout à l'heure (§ 13).

Les interdictions formulées dans la première partie du privilège sous la défense générale faite

2. Nous avons montré dans notre premier travail qu'un de ces abus était de contraindre des *fidejussores* saisis d'autorité à répondre personnellement de prévenus qu'on les chargeait de conduire devant la justice. L'immunité interdisait, dans le domaine privilégié, cette saisie de *fidejussores*, déjà illicite, ce semble, en droit commun ; car, à défaut de *fidejussores* volontaires offrant de garantir la comparution des prévenus au *mallum*, c'était aux officiers publics que l'obligation incombait de les y conduire, comme on peut l'inférer du texte suivant : « Comprehensus autem si fidejussores habere potuerit « per fidejussores ad mallum adducatur ; si fidejussores « habere non potuerit, a ministris comitis custodiatur et ad « mallum perducatur. » — Caroli Calvi, Titul. XLV, an. 873, c. 3. — Baluze, *Capitularia*, t. II, p. 229.

à tout officier public, *judex publicus vel quisli-bet ex judiciaria potestate*, de pénétrer sur le domaine privilégié sont l'essence même de l'immunité. Elles ont évidemment pour objet avant tout de protéger ce domaine et ses habitants contre l'intrusion sous un prétexte quelconque de ces officiers, et de supprimer ainsi toute occasion pour eux d'y commettre les abus de pouvoir et les exactions qu'on avait à craindre de leur part. Il existe de nombreuses preuves des excès de ce genre dans les plaintes qu'ils provoquaient ; on en a maint témoignage. A défaut d'autres indices, ceux qui résultent des dispositions prises pour y obvier, comme on vient de le voir, dans les diplômes d'immunité, suffiraient pour en établir la réalité.

§ 6. — Nous venons de dire, sous la réserve de certaines explications à fournir ultérieurement touchant le caractère des *freda* et la tenue des plaids, quelles observations il y a lieu de faire sur la première des quatre parties de la formule de l'immunité, celle qui interdit aux officiers publics, *judices publici*, d'entrer sur les terres couvertes par le privilège. La seconde partie de la formule, qui en bonne logique eût dû être la première — genre d'interversion dont il y a de fréquents exemples dans les anciens documents — la seconde partie est consacrée à l'énonciation de la concession du privilège, *regia immunitas, defensio, tuitio, regis mundeburdium*.

Ces expressions ne sont pas absolument équivalentes. C'est au régime que mentionne spécialement celle d'*immunitas*, que se rapporte l'importante garantie de la *compositio* de 600 sols édictée dans les lois de droit commun contre toute infraction au privilège d'immunité, *immunitas fracta*[1]. Cette *compositio* de 600 sols était si bien devenue un des traits essentiels de l'immunité qu'elle sert quelquefois à la qualifier. Nous pouvons citer dans un diplôme de 875 de Charles le Chauve, pour l'abbaye de Noirmoutier, la locution *immunitas sexcentorum solidorum*[2].

La *compositio* de 600 sols était considérable.

1. « Si quis in immunitate damnum aliquid fecerit, sex« centos solidos componat. » — Capitul. II, an. 803, c. 2; Capitularium l. III, c. 26; l. V, c. 262; l. VI, c. 291; Caroli Calvi, Titul. XXXVI, an. 864, c. 18; Titul. XLV, an. 873, c. 3. — Baluze, *Capitularia,* t. I, fol. 387, 759, 876, 972; t. II, p. 182, 229.

« Quidquid intra hujusmodi munimenta (immunitatis « nomine)... a quolibet homine, nocendi vel damnum infe« rendi causa, spontanea voluntate committitur, in hoc facto « immunitas fracta judicatur. Quòd vero in agros... quæ « nullo modo munitione cinguntur... damnum factum fue« rit... non in hoc immunitas fracta judicanda est. Et ideo « non sexcentorum solidorum compositione... is multandus « est qui scandalum vel damnum... fecisse convictus fuerit. » — Capitularium l. V, c. 279. — Baluze, *Capitularia,* t. I, p. 881.

2. « Immunitatem quoque sexcentorum solidorum quam « genitor meus Ludovicus augustus et Carolus avus meus et « proavus Pipinus eis concesserunt, concedimus... — *Gallia christ.,* t. IV, p. 224, et D. Bouquet, *Recueil des historiens,* etc., t. VIII, p. 647.

C'était celle qui était due pour le meurtre d'un antrustion du roi[3], pour celui d'un Franc, *homo francus*[4], pour celui d'un prêtre[5], pour l'homicide commis dans une église, pourvu qu'on pût prouver cas de légitime défense; autrement, il y avait peine de mort[6]. La *compositio* due pour la violation du ban royal n'était que de 60 sols[7]. Ces rapprochements permettent de se faire une idée de ce qu'était en réalité la *compositio* de 600 sols, celle qui frappait la violation de l'immunité, et d'apprécier par là quelle garantie elle offrait à l'exécution des clauses de ce privilège. Nous aurons tout à l'heure occasion de faire valoir cette considération (§ 13).

On se demandera peut-être si le fait de violation de l'immunité, *immunitas fracta*, entraînant la *compositio* de 600 sols, comprenait, avec les crimes et délits ordinaires exécutés dans le domaine privilégié, *damnum in immunitate fac-*

---

3. Marculfi formul., l. I, n° 18. — Baluze, *Capitularia,* t. II, p. 386.

4. Capitul. III, an. 813, c. 2. — Baluze, *Capitularia,* t. I, p. 511.

5. Ripuar. lex, tit. 36, c. 8; Capitularium l. III, c. 25 et l. V, c. 261. — Baluze, *Capitularia,* t. I, p. 36, 759, 876.

6. Capitul. I, an. 819, c. 1; Capitul. an. 829, tit. III, c. 1; Capitularium l. IV, c. 13. — Baluze, *Capitularia,* t. I, p. 597, 669, 776.

7. « Si quis infra regnum rapinam fecerit... in triplo... « legibus componat, et insuper bannum nostrum, id est « sexaginta solidos nobis persolvat. » — Capitul., an. 826, c. 1. — Baluze, *Capitularia,* t. I, p. 647.

*tum*, les infractions commises par qui que ce fût, notamment par les officiers publics, aux dispositions de la lettre d'immunité. L'affirmative ne nous semble pas douteuse, d'après la manière dont certains textes s'expliquent sur le privilège, en donnant à son application et aux pénalités que sa violation entraîne un caractère beaucoup plus général que celui de punir des crimes et délits ordinaires[8]. La *compositio* de 600 sols frappe évidemment toute infraction aux dispositions de l'immunité. L'opinion contraire n'infirmerait d'ailleurs en rien les considérations que nous présentons sur le régime de l'immunité, notamment en ce qui touche l'exercice de la juridiction (§ 13).

Un fait qui semblera peut-être singulier, c'est que la *compositio* de 600 sols appliquée à la violation de l'immunité, *immunitas fracta*, ne soit pas stipulée dans les chartes constitutives du privilège, et que la première mention qu'on en

---

8. « Et hoc instituimus ut emunitates... in omnibus sic « conservatas esse debeant, sicut est jussio... domini nostri « Karoli regis. » — Pippini regis Ital. Capitul., an. 793, c. 8. — Baluze, *Capitularia,* t. I, p. 537.

« Prædia... Deo... tradita... sub immunitatis tuitione per- « petua firmitate perdurent... Si quis contra hæc venerit, « componat sicut de immunitate constituimus. » — Caroli imp. Capitul., an. 814, c. 4. — Ibid., t. I, p. 520.

« Quæ ipsius sanctæ ecclesiæ propria sunt, nemo... sibi « vindicare præsumat. Quod si quisquam fecerit..., immu- « nitatem ipsius ecclesiæ persolvat et bannum nostrum tri- « pliciter componat... »— Caroli Calvi imp. Capitul., an. 877, c. 3. — Ibid., t. II, p. 239.

trouve ne remonte pas plus haut que le commencement du IX^e siècle dans le capitulaire II de l'année 803. On pourrait tout au plus inférer de là que cette sanction pénale de l'immunité, dont la réalité est d'ailleurs certaine, ne date pas de l'origine de l'institution, et que la nécessité ne s'en était pas fait sentir tout d'abord.

La clause pénale de la *compositio* de 600 sols introduite dans la législation de droit commun n'est nullement une des clauses constitutives de l'immunité, et donne seulement un supplément de force aux diverses dispositions du privilège, aux interdictions notamment qui sont son essence même. Il ne peut y avoir aucune conclusion à tirer de là touchant le caractère reconnu de l'immunité, lequel, pour ce qui regarde particulièrement les juges ou officiers publics, est de protéger le domaine privilégié contre les entreprises et les excès de toute sorte que pouvait engendrer ou favoriser leur intrusion dans ce domaine sous un prétexte quelconque.

La protection royale, *defensio*, *tuitio*, dont la mention accompagne celle de l'immunité, *immunitas*, dans beaucoup de textes, ne paraît pas avoir un caractère particulier et précis, mais plutôt un caractère général et jusqu'à un certain point indéterminé, qui accentue simplement la situation créée par l'immunité. Il n'en est peut-être pas autrement, à un certain moment au moins, de la mundeburde royale elle-même, *regis mun-*

*deburdium* ou *mundeburdis*. Cependant, en principe, ce mot se rapporte comme celui d'*immunitas* à un régime spécial parfaitement déterminé, sur lequel il convient de s'expliquer. C'est ce que nous ferons plus loin (§§ 15 à 18). On ne peut guère, d'après ces considérations, regarder comme absolument équivalents les mots *immunitas*, *defensio*, *tuitio*, *mundeburdium* dans les diplômes d'immunité, où on les trouve parfois rapprochés pour la qualification du privilège.

§ 7. — La troisième partie de la formule de l'immunité contient, avec la recommandation de garder l'obéissance due au souverain, *imperio parere*, celle de prier pour son salut et pour celui de l'État, *pro incolumitate nostra seu etiam totius imperii Deum exorare*. Nous n'avons rien à dire ici de ces recommandations. Bornons-nous à rappeler qu'elles peuvent, la première tout particulièrement, être opposées à ceux qui supposeraient, et on l'a prétendu, que le privilège d'immunité avait pour objet et pour conséquence de concéder l'indépendance à ceux qui en étaient investis.

§ 8. — La quatrième partie de la formule de l'immunité, celle qui contient la concession des droits du fisc, *jus fisci*, est de grande importance. Ses dispositions sont de beaucoup celles de tout le privilège d'immunité qui ont eu les conséquences les plus graves et les plus prolongées.

Cette concession était comme le complément de la mesure qui, parmi les interdictions énumérées dans la première partie de la formule, défendait aux officiers publics de venir dans le domaine de l'immunité pour y lever les *freda* et les *tributa* (§ 5). C'était là en effet pour une part notable, avec des revenus divers, ce qui constituait le droit du fisc, *jus fisci*, dont il est ici question. Ces revenus et produits de la justice et de l'impôt, qui ne pouvaient plus être levés par les officiers publics, devaient l'être par le possesseur et par ses agents dans ses domaines, au profit du trésor royal auquel il était tenu d'en remettre le produit. On a la preuve qu'il en a effectivement été d'abord ainsi, et que le possesseur, avant d'avoir obtenu la jouissance de ces revenus, en devait compte au souverain [1]. Plus tard seulement, la concession lui en étant formellement faite, il en conserva les produits. Ces particularités s'accordent très bien avec le fait que la concession des droits du fisc est omise dans un grand nombre de diplômes

1. Un diplôme sans date de Childebert III (v. 705 ou 706), pour Saint-Serge d'Angers, confirme à cette abbaye son privilège d'immunité, avec l'interdiction aux juges publics de percevoir dans son domaine les droits du fisc, dont la levée et la remise au trésor royal seront faites dès lors par l'abbé ou son *missus*. Deux diplômes de Dagobert III (713) et de Thierry IV (722), pour l'église du Mans et l'abbaye d'Anisole, leur confirment l'immunité et leur concèdent la jouissance des droits du fisc jusque-là levés et transmis, est-il dit, au trésor royal par l'évêque et ses *missi*. — Dom Bouquet, *Recueil des historiens, etc.*, t. IV, p. 681, 688, 700, n⁰ˢ 92, 100 et 116.

d'immunité[2]. Une pente naturelle devait conduire le souverain à l'abandon de ces droits, que l'éloignement des officiers publics ne pouvait que laisser en souffrance, et, de là, à leur concession formelle en faveur des privilégiés. Cette concession s'explique d'autant mieux que les revenus correspondant à ces droits du fisc étaient vraisemblablement d'abord peu considérables dans des domaines qui, à l'origine au moins, n'avaient probablement pas une très grande étendue.

Bien des causes, comme on peut facilement s'en rendre compte, durent contribuer d'ailleurs à généraliser cette concession, ou formellement, ou par un consentement tacite. Sa mention dans les diplômes qui la contenaient prêta ultérieurement à des interprétations abusives, en vertu desquelles on en vint à tirer de cet abandon des revenus, modestes à l'origine, du *jus fisci*, la prétendue concession du droit de juridiction, — nous le montrerons bientôt (§ 22), — celle des *regalia jura* eux-mêmes pour en déduire la légitime possession de villes, de provinces entières, et jusqu'au droit de souveraineté enfin. Nous nous sommes étendu ailleurs sur l'appréciation de ces développements du privilège[3]. Il n'y a pas lieu de revenir ici sur ces considérations.

2. Parmi les 196 diplômes d'immunité relevés dans le *Gallia christiana*, 56 seulement contiennent la concession des droits du fisc. — *L'Immunité*, 1882, § 15.

3. *L'Immunité*, 1882, §§ 15, et 20 à 27.

Nous venons de rappeler les points essentiels mentionnés dans les quatre parties constitutives du privilège d'immunité. Nous l'avons fait brièvement pour conserver à leur ensemble l'unité d'aspect qui correspond à leur groupement dans les formules et diplômes de concession ou de confirmation du privilège. Nous allons revenir maintenant sur quelques particularités qui les concernent, dont nous avons, au cours de cette rapide exposition, réservé l'examen détaillé pour le faire à part plus librement. Ces particularités signalées en passant sont celles qui regardent le caractère des *freda*, la tenue des plaids et le régime de la mundeburde royale.

## IV. LES FREDA.

§ 9. — Nous avons annoncé (§ 5) que nous aurions quelques éclaircissements à donner touchant les *freda*, à propos de la manière dont il en est parlé dans un texte commun à la loi des Ripuaires et à celles des Lombards[1]. Les *freda*,

---

1. Nous avons déjà présenté, dans notre travail de 1882, quelques observations à ce sujet. Il nous semble cependant d'autant plus opportun d'y revenir aujourd'hui que nous nous étions, paraît-il, assez mal expliqué alors pour donner à penser que cette interprétation d'un cas particulier devait, suivant nous, s'appliquer aux *freda* en général, dans tous les cas où il en est question. Il n'y avait dans cette appréciation qu'une méprise, à laquelle nous regrettons d'avoir pu induire un savant professeur, qui nous prend à partie à ce sujet dans un mémoire sur *L'Immunité mérovingienne* publié en 1883

suivant certains interprètes, seraient une amende due au fisc pour la violation du droit ou de la paix publique par l'auteur d'un crime ou d'un délit[2]. Dans le texte particulier que nous venons de mentionner, et qui forme le chap. 89 de la loi des Ripuaires[3], ainsi que l'un des articles ajoutés aux lois des Lombards par Charlemagne[4], et le n° XXXII des *Excerpta* de ces lois en l'an 801[5], les *freda* se présentent, ce semble à première vue, avec une signification différente. Ce texte en outre, dans ces trois versions et dans les nombreux manuscrits qu'elles représentent, s'offre

par la *Revue historique*. M. Fustel de Coulanges n'avait pas reconnu, dans le texte que nous discutions, le chap. 89 de la loi des Ripuaires et une addition de Charlemagne aux lois des Lombards, dont il ne soupçonnait, paraît-il, pas les incorrections; et il avait pris ce texte pour une version arbitrairement modifiée par nous, afin d'en tirer argument en faveur d'une conception dénuée de fondement, au lieu d'y voir, comme il y avait lieu de le faire, les données d'un problème à résoudre. — *Revue historique*, 1883, t. XXII, p. 284, note 1; et 1884, t. XXIV, p. 357 à 360; t. XXV, p. 356 à 358.

2. Bignon relate dans ses notes cette opinion, sans paraître du reste s'y ranger : « Fredum Joachimus Vadianus et « Amerpachius à Germanicâ voce *frid* deducunt, quasi dicas « *violatæ pacis pœnam*... Quod quidem Germanis expenden- « dum relinquo. » — *Bignonii notæ*, dans Baluze, *Capitularia*, t. II, col. 880.

3. Baluze, *Capitularia*, t. I, p. 52. — Pertz, *Monumenta Germ. histor. Legum* t. V, fasc. 2, 1883.

4. Legis Longobardorum libri tres, l. II, tit. 52, c. 13, éd. Lindenbrog, 1613. — Liber papiensis Karoli. M. n° 125, éd. Boretius, dans *Monumenta Germ. histor. Legum* t. IV, p. 510.

5. Baluze, *Capitularia*, t. I, p. 354.

avec des variantes qui dénotent d'assez graves altérations apportées à leur teneur originaire.

Suivant le texte en question, il est défendu au juge public de lever les *freda* avant que n'ait été payée la *compositio ;* et il est ordonné en outre que ce paiement soit fait en présence de témoins, non par le coupable, l'offenseur, mais par la victime, l'offensé, préalablement indemnisée ainsi, aux dépens de l'autre, afin d'assurer, est-il dit, le maintien de la paix : « Nec nullus judex fiscalis « de quacunquelibet causa freda non exigat, prius- « quam facinus componatur... Fredum autem non « illi (ille) judici tribuat cui (qui) culpam com- « misit, sed illi (ille) qui solutionem recipit, ter- « tiam partem coram testibus fisco tribuat, ut pax « perpetua stabilis permaneat. » Les corrections que nous proposons entre parenthèses sont justi- fiées par le rapprochement des textes donnés dans la loi des Ripuaires et dans celles des Lombards, et par les variantes fournies pour ces textes par les manuscrits. La principale d'entre elles est de plus confirmée par une glose citée dans l'édition de Boretius du *Liber papiensis Karoli M.*, ainsi conçue : « Fredum autem non illi judici tribuat « *scilicet reus* qui culpam commisit, sed ille qui « solutionem recepit. »

On peut croire que ces dispositions ont pour objet d'assurer la paix ultérieure entre les parties, et tout spécialement la sécurité de celle des deux qui, ayant eu gain de cause, et qui, ayant été indemnisée, paye le *fredum* et par là s'assure garantie contre toute revendication ou vengeance de la part de celle qui a été condamnée à l'indemniser. Ainsi s'expliquerait, disions-nous au paragraphe 9 de notre travail de 1882, le paiement des *freda*, non par le coupable, mais par la victime[6].

Le contraste de cette singularité avec les conditions ordinaires du *fredum* nous avait suggéré la pensée qu'elle pourrait correspondre à un régime particulier, depuis plus ou moins longtemps disparu, et dont il ne subsisterait plus que cette dernière trace. Dans tous les cas, nous semblait-il, le *fredum* serait le prix de la paix, *pacis pecunia*, *friedensgeld*, comme disent les Allemands. Dans les cas ordinaires, il s'agirait de la paix publique, violée antérieurement; dans le cas particulier auquel se rapporteraient les dispositions spéciales de la loi des Ripuaires et des lois des Lombards, il serait question de la paix assurée ultérieurement entre deux parties, c'est-à-dire d'une paix privée en quelque sorte.

6. Montesquieu aussi, dont l'attention avait été attirée par l'article 89 de la loi des Ripuaires, considère le *fredum* non comme le prix de la paix violée antérieurement, mais comme celui de la paix assurée ultérieurement entre les parties; il constate que, suivant cette loi, le *fredum* devait être versé au fisc, non par le coupable, mais par la partie adverse; toutefois, il se borne à mentionner cette singularité, et n'en fournit aucune explication (§ 11, note 1). — *Esprit des lois*, l. XXX, c. 20.

§ 10. — Telle était l'explication à laquelle nous nous étions arrêté dans notre étude de 1882. Elle ne nous satisfaisait pas complètement cependant[1]. Un nouvel examen du sujet nous en a fait concevoir une autre qui, tout en tenant compte du texte singulier reproduit et dans la loi des Ripuaires et dans les lois des Lombards, aurait le mérite de ne rien changer à la signification ordinaire, ou pour mieux dire aux conditions habituelles du *fredum*. Dans ces conditions, le *fredum* est à la charge du coupable. Suivant le texte en question, il doit être remis au fisc en présence de témoins par la partie adverse, préalablement indemnisée aux dépens du coupable qui lui a payé la *compositio* dont le *fredum* est le tiers. Au fond, le *fredum* est toujours ainsi une charge subie par le coupable, puisque c'est lui qui a dû payer la *compositio* sur laquelle est pris ce *fredum*.

Comment expliquer maintenant, autrement que nous ne l'avions fait une première fois, la substitution de la victime au coupable dans l'obligation d'effectuer le paiement du *fredum*? Cette

1. Cette réserve est exprimée dans une lettre écrite à ce sujet, le 18 mars 1884, au directeur de la *Revue historique*, et qui se termine ainsi : « Je ne me flatte pas d'avoir épuisé « la discussion. Loin de là. Je serais désireux, au contraire, « d'en voir proposer — une faute d'impression me fait dire « à tort *d'avoir proposé* — une explication qui serait, je le « déclare, plus satisfaisante que la mienne, si elle permettait « de conserver au *fredum*, dans ce cas, de même que dans « tous les autres, sa signification ordinaire. » — *Revue historique*, 1884, tome XXV, p. 358.

substitution résulte de la défense expresse au juge
public de percevoir le *fredum* avant que n'ait été
payée la *compositio;* à quoi est jointe l'obligation
de le percevoir, en présence de témoins, des mains
de celui qui a reçu cette *compositio* dont le *fredum*
est le tiers. Ces prescriptions pourraient bien
avoir pour objet, entre autres choses, d'empêcher
le juge public de faire payer abusivement deux fois
le *fredum* : une première fois directement par le
coupable, avant paiement de la *compositio*, et une
seconde fois par l'indemnisé, après le paiement
de cette *compositio.* Cette explication nous a été
suggérée par un article de la loi salique où est
mentionnée l'alternative de ce double mode de
paiement du *fredum*[2]; ce qui donne à penser
qu'un pareil abus était possible et qu'on a eu par
conséquent quelque raison de prendre des mesures
pour le prévenir. De là, la prescription d'effectuer
le paiement du *fredum* en présence de témoins,
ce qui rendait difficile de l'exiger une seconde

---

2. « Et si fredus antea de ipsa causa non fuerat datus,
« duas partes ille cujus causa est ad se revocet, et grafio ter-
« tiam partem obtineat. » — *Lex salica,* titre 52, § 3. —
Baluze, *Capitularia*, t. I, p. 316. Cette version appartient
à la *Lex emendata* de Charlemagne, le dernier des cinq textes
donnés dans l'ouvrage de Pardessus, *Loi salique,* 1843. Les
versions des quatre autres textes ne diffèrent pas d'une
manière essentielle, au point de vue de la présente étude,
de celle-ci, laquelle est, des cinq, la plus propre à être rapprochée de l'article 89 de la loi des Ripuaires, ainsi que de
l'article correspondant des lois des Lombards, qui sont du
même temps, comme il est dit un peu plus loin.

fois. Ainsi s'expliquerait pour une part le texte singulier au premier abord que reproduisent et la loi des Ripuaires dans son article 89, et les lois des Lombards dans une des additions faites à ces lois par Charlemagne (le n° 125 du *Liber papiensis* de Boretius).

Reste à rendre raison de ce qui fait la principale singularité du texte de loi que nous étudions, la substitution de la victime au coupable dans le paiement du *fredum*. Il y a lieu de faire observer à cet égard que, la victime en possession préalable de la *compositio* prélevant sur celle-ci en présence de témoins le *fredum*, on possédait ainsi tout à la fois, non seulement la preuve que celui-ci était acquitté, comme nous venons de le dire, mais celle encore que la *compositio* l'avait été aussi, et que le droit de vengeance dont elle était le rachat se trouvait par là éteint. Cette considération justifie le rôle imposé par la loi à la partie offensée, à la victime, à laquelle appartenait ce droit de vengeance authentiquement satisfait ainsi; elle explique en outre les derniers mots de l'article de loi, lesquels, sans cela, ne semblent se rapporter à rien de précis : « Ut pax perpetua stabilis « permaneat. »

Ces appréciations étant admises, le texte en question ne dénoterait pas autre chose qu'une procédure particulière introduite dans la législation ordinaire, sans y apporter au fond aucun changement notable. Ce serait une simple amélio-

ration du régime en vigueur, une réforme de détail
apportée à la pratique usitée antérieurement. Ces
vues nous semblent justifiées par ce double fait que
le texte qui nous occupe, dans l'article 89 de la loi
des Ripuaires, appartient à une époque relativement tardive, comme le dit Sohm dans son introduction à cette loi, où il établit que les articles 80
à 89 de celle-ci constituent une addition du
VIII<sup>e</sup> siècle à la rédaction originaire, laquelle serait
des VI<sup>e</sup> et VII<sup>e</sup> s.[3], et que le même texte dans les lois
des Lombards appartient aux additions de Char-
lemagne, qui sont du même temps[4]. Ces indices
chronologiques sont bien ceux qui conviennent à
une innovation introduite après coup, comme nous
le disons, dans des lois anciennes. Les considérations qui précèdent sont de nature, ce nous
semble, à donner une certaine valeur à la nouvelle explication que nous venons de proposer
pour le texte qui nous avait arrêté.

§ 11. — Quoi qu'on pense de nos hypothèses
sur le petit problème dont il est question dans
les deux paragraphes précédents, on voudra bien
tenir compte à ce sujet de ce fait qu'aucune
explication n'avait encore été tentée[1] de la pres-

---

3. *Lex Ribuaria,* in éditione R. Sohm. Introd. cap. I, §§ 5,
6. — *Monumenta Germ. hist. Legum* t. V, fasc. 2, 1883.

4. *Legis Longobardorum libri tres,* l. II, tit. 52, c. 13.
Lindenbrog, Codex leg. antiq., 1613, t. I, 652. — *Liber
papiensis Karoli M.,* n° 125. *Monumenta Germ. hist. Legum*
t. IV, 1868, p. 510.

1. Montesquieu, qui avait remarqué, disions-nous tout à

cription singulière de faire payer, non par le coupable, mais par la partié adverse, le *fredum*, comme le veut le texte relevé tout à la fois dans la loi des Ripuaires et dans les lois des Lombards. Les dernières éditions de ces deux documents ne disent rien de plus à cet égard — quoiqu'un contradicteur ait prétendu le contraire (§ 62, note 1) — que celles qui les ont précédées.

L'édition de la loi des Ripuaires donnée par Sohm en 1883 fournit, d'après les manuscrits, de nombreuses variantes qui prouvent assez la nécessité d'améliorer le texte que nous avons étudié et qui justifient les corrections que nous avons proposé d'y faire ; mais, ni dans l'introduction, ni dans les notes qui accompagnent le document, il n'est fait aucune mention de la substitution de la victime indemnisée au coupable condamné, pour le paiement du *fredum*. L'introduction ne parle pas du tout de l'article 89, où il est question de ce fait, et les notes 6, 7, 8, 9 qui se rapportent à cet article ne disent rien pour expliquer la singularité qui forme la principale difficulté de son interprétation[2].

l'heure, l'article 89 de la loi des Ripuaires, en avait très bien compris le sens littéral ; mais il n'avait fait aucune observation sur la singularité de ses dispositions et n'en avait proposé aucune explication (§ 9, note 6).

2. Ce qui est dit dans ces notes, c'est que l'article 89 est intimement lié à l'article 88, et qu'il a pour commune origine avec lui une constitution royale (note 6) ; que, chez les Francs, la somme saisie sur le débiteur récalcitrant allait

Quant aux lois des Lombards, la dernière édition qu'on en possède est celle donnée par Bluhme et Boretius en 1868 [3]. La préface qui la précède ne dit rien de la question qui nous occupe, et le texte n'est accompagné d'aucune note qui puisse nous éclairer à ce sujet. Boretius, éditeur du *Liber papiensis*, où se trouve notre texte, sous le n° 125 des additions de Charlemagne à ce recueil, *Leges Caroli Magni*, a joint à cette publication des extraits d'une *Expositio* ancienne de la loi, tirée d'un manuscrit de Naples du XIe ou du XIIe siècle, laquelle sert de commentaire perpétuel au document originaire. Mais cette *Expositio*, dans ce qu'elle dit de l'article 125 des additions de Charlemagne, ne fournit non plus aucune explication de la singularité en question [4]. Boretius d'ailleurs

pour les deux tiers à la partie adverse, et pour un tiers, comme *fredum*, au comte (note 7); que les mots *illi* (ille) *qui solucionem recipit* désignent la partie adverse (note 8); que le *fredum* était, chez les Francs, le tiers de la *compositio*, mais que chez les Chameves il était autre (note 9).

3. *Monumenta Germaniæ historica. Legum* t. IV, 1868.

4. L'*Expositio* ancienne publiée par Boretius ne contient pas autre chose, pour l'article 125, que des observations sur les variations de la *compositio* suivant la nationalité des intéressés; sur l'obligation de payer la *compositio* avant le *fredum*, parce que, y est-il dit, dans le cas contraire, le *fredum* ayant été payé d'abord, il pourrait ne plus rester de quoi payer la *compositio* — appréciation d'une valeur contestable — de sorte que la paix ne pourrait être rétablie entre les parties; sur la prescription de payer le *fredum* par-devant témoins, pour qu'il ne puisse plus être réclamé par le fisc dans aucun cas; mais il n'est rien dit de satisfaisant dans

donne d'après les manuscrits pour le texte des lois des Lombards, comme Sohm le fait pour celui de la loi des Ripuaires, de nombreuses variantes qui permettent d'améliorer ce texte et prouvent en même temps la nécessité de le faire. Il reproduit en outre, avec ces variantes, une glose ancienne : « Judici tribuat *scilicet reus*, » qui justifie tout particulièrement la principale de ces corrections.

En résumé, les derniers éditeurs de la loi des Ripuaires et des lois des Lombards, pas plus que leurs devanciers, ne fournissent l'explication de certaines singularités relatives au paiement des *freda*, que contient le texte commun à ces deux codes de lois, dans l'article 89 du premier et dans l'une des additions de Charlemagne au second. Ils démontrent d'un autre côté, par les variantes et glose qu'ils fournissent, la nécessité des améliorations qu'exige ce texte défectueux. Nous croyons suffisamment justifiées ainsi les corrections que nous y avons apportées et les essais d'interprétation que nous en avons tentés. Les explications nouvelles que nous avions à donner à ce sujet nous ont retenu quelque peu ; nous allons entrer maintenant dans celles que nous avons annoncées touchant la défense faite aux

cette *Expositio* sur l'obligation transportée du coupable à la victime de payer le *fredum;* obligation qui étendait à la *compositio* la preuve par témoins, assurée spécialement au *fredum*, que le paiement en avait été réellement effectué.

juges publics de tenir leurs plaids sur les terres
de l'immunité.

## V. Les Plaids.

§ 12. — L'interdiction aux juges publics de
juger ou tenir leurs plaids sur les terres de l'immunité (§ 5) mérite une attention particulière,
parce que, depuis les travaux de Bignon au
xviie siècle, cette interdiction a été souvent consi-
dérée, et que de nos jours elle l'est encore par
quelques-uns, comme impliquant la suppression
de la juridiction des officiers publics de justice,
*judices publici*, sur les hommes et les choses de
l'immunité, avec l'institution à sa place d'une
juridiction nouvelle, la juridiction privée, au profit du possesseur privilégié et de ses agents ou
officiers particuliers, *judices privati*. Pour décider
de la valeur de cette appréciation, il convient de
rappeler ce qu'était alors l'exercice de la juridiction, en droit commun, et d'examiner ce qu'elle
devient au sein de l'immunité. En rapprochant
l'un de l'autre les deux régimes, on se fera une
idée de ce que le privilège de l'immunité aura pu
introduire de nouveau dans l'administration de
la justice, s'il a en effet innové à cet égard.

En droit commun, la juridiction appartenait
aux officiers publics de justice, *judices publici*,
qui l'exerçaient sur les hommes de toute condition. Ces hommes, de condition diverse, sont
signalés par catégories dans un texte qui explique

comment les uns et les autres devaient être mandés au plaid du comte, et, s'il y avait lieu, contraints d'y comparaître. Ce sont les hommes libres, *liberi homines*, les hommes du fisc, *fiscalini*, les hommes d'immunité, *coloni de immunitate*, les hommes de corps enfin, *servi*[1].

1. « De illis *liberis hominibus* qui infames vel clamodici
« sunt..., si... res et mancipia vel mobile habent, fiat de illis
« sicut in quarto libro capitular., c. xxix dicitur, cum ad mal-
« lum comitis venerint. Si autem ad mallum non venerint
« banniantur (et per res et mancipia vel mobile distringan-
« tur) ut veniant... Et si post secundam comitis admonitio-
« nem ad mallum venire noluerint, rebus eorum in bannum
« missis, venire et justitiam reddere compellantur... Et qui
« res et mancipia vel mobile non habent, per quæ distringi
« possint ut ad mallum veniant,... post secundam bannitio-
« nem comitis, si ad mallum non venerint comprehendan-
« tur secundum... capitulare libri III, c. lxi... (quicumque...
« comprehenderit nullum damnum exinde patiatur)... Si
« vero tales... ad mallum adduci non potuerint in forban-
« num mittantur... Si autem *fiscalinus* noster ita infamis
« in fiscum nostrum confugerit, vel *colonus de immunitate*
« in immunitatem confugerit, mandet comes judici nostro
« vel advocato cujuscumque casæ dei ut talem infamem
« in mallo suo præsentet... Si autem judex... vel advo-
« catus... non præsentaverit, fiat inde secundum capitulare
« libri III, c. xxvi, (ad tertiam inquisitionem comes ipse
« hominem ubicumque, etiam in fisco aut immunitate quæ-
« rat). Et si *servus* alicujus ita clamosus est, comes dominum
« servi commoneat ut eum in mallo præsentet... Si autem
« dominus servi eundem... comiti in mallo præsentare nolue-
« rit, fiat inde secundum capitulare libri III, c. xxvi (ad
« tertiam inquisitionem comes ipse hominem ubicumque
« etiam in fisco aut immunitate quærat). » — Caroli Calvi
titul. XLV, an. 873, c. 3. — Baluze, *Capitularia*, t. II,
p. 228. — Si l'on ne possédait que ce texte, on pourrait

Les juges publics exerçaient leur juridiction dans des plaids de deux sortes : les grands plaids, *placita majora*, tenus solennellement au *mallum* dans des lieux déterminés, *mallidicia loca ;* les petits plaids, *placita minora*, tenus exceptionnellement, suivant le besoin, dans des lieux quelconques, sauf dans les églises, à la condition toutefois que le possesseur du lieu le permît, si ce lieu avait un maître particulier autre que le juge public lui-même[2]. Cette dernière prescription ne semble pas différer beaucoup, il est bon de le faire observer, de l'interdiction formulée dans l'immunité. Un texte de cette interdiction que nous citons plus loin (§ 13, note 3) justifie cette appréciation, en montrant que l'immunité n'a pour objet, en fait de justice, que d'empêcher le juge public d'établir son siège dans un lieu appartenant au domaine privilégié.

croire, à la manière dont il est rédigé, que le comte n'avait juridiction sur les hommes de fisc ou d'immunité que pour les crimes commis hors du territoire privilégié. Un autre texte que nous donnons plus loin (§ 13, note 1) ne permet pas de douter qu'il ne les jugeât également pour les crimes commis dans l'immunité, et dans le fisc aussi doit-on croire par analogie.

2. « Mallus... neque in ecclesiâ neque in atrio ejus habea-« tur. Minora vero placita comes, sive intra suam potestatem, « vel ubi impetrare potuerit, habeat. » — Capitul. I, an. 819, c. 14; Capitularium 1. IV, c. 28; Caroli Calvi titul. XLV, an. 873, c. 12. Baluze, *Capitularia*, t. I, p. 603, 782; t. II, p. 233, 1193. — Lex Longobard., 1. II, tit. 55, c. 26, édit. Lindenbrog, *Cod. legum antiq.*, 1613, t. I, p. 662.

A ces plaids, grands et petits, tenus par les
officiers publics, étaient, sauf le cas de mundeburde royale dont nous parlerons tout à l'heure,
débattues et jugées, sans distinction des choses
d'ordre civil et de celles d'ordre criminel[3], les
affaires qui pouvaient concerner les hommes libres
et francs, soit directement, parce qu'ils y étaient
personnellement en cause, soit indirectement,
parce qu'elles regardaient leurs hommes, libres
et non libres, dont ils étaient responsables[4], étant
tenus en conséquence de répondre pour eux ou
bien de les amener devant le comte au *mallum*[5].

3. Ci-après, note 6, texte 2.

4. La responsabilité du maître pour ses hommes est clairement exprimée dans le texte suivant : « Ut servi... qui...
« terram ecclesiasticam colunt... si... de aliquo crimine
« accusantur, episcopus primo compelletur; et ipse per advo-
« catum suum secundum quod lex est, juxta conditionem
« singularum personarum justitiam faciat... Cæteri vero
« homines qui vel commendationem vel beneficium eccle-
« siasticum habent, sicut reliqui homines justitiam faciant. »
— Caroli Magni Capitul. excerpta ex Lege Longobard. circa
an. 801, c. 20. — Baluze, *Capitularia*, t. I, p. 352. — Dans
ce texte, la locution *justitiam facere* (*sicut reliqui homines*)
ne signifie pas juger, mais faire droit, et correspond, comme
l'expression *compelletur*, à la situation non d'un juge, mais
d'un justiciable. Nous citons plus loin quelques exemples
encore de la locution *justitiam facere* dans la même acception (§ 14, notes 2, 3, 4, 5).

5. *L'Immunité*, 1882, § 12. Aux exemples cités dans ce
travail, on peut ajouter les suivants :

« Quicumque servum criminosum habuerit, et ei judex
« rogaverit ipsum præsentare et noluerit, suum widrigil-
« dum omnino componat. » — Decretum Childeberti circa

Les affaires étaient d'ailleurs classées d'après leur
caractère et leur importance ; on les distinguait
en *causæ majores* et *causæ minores*[6]. Les premières

an. 595, c. 10. Baluze, *Capitularia*, t. I, p. 19. — Cf. Caroli
Calvi titul. XLV, c. 3. Baluze, *Capitularia*, t. II, p. 229.

« Si quis... de potentioribus servis... de crimine habetur
« suspectus, domino secretiùs cum testibus condicatur, ut
« intra xx noctes ipsum ante judicem debeat præsentare.
« Quod si... non fecerit, dominus statûs sui juxta modum
« culpæ inter fredum et faidum compensabitur. » — Chlotharii II decretio circa an. 595, c. 9. — Baluze, *Capitularia*,
t. I, p. 20.

. « De liberis hominibus qui super alterius res resident et
« usque nunc a ministris reipublicæ contra legem ad placita
« protrahebantur et ideo pignorabantur, constituimus ut
« secundum legem patroni eorum eos ad placitum adducant. »
— Ludovici II Conventus Ticinensis III an. 855, c. 3. —
Pertz, *Monumenta Germ. hist. Legum*, t. I, p. 435.

6. « De furto, vel de minoribus causis statuimus, si ille
« cujus causa fuerit jurata dicere voluerit quod ille qui jura-
« vit se sciente perjurasset, vel campo vel cruce contendat...
« De majoribus vero causis lex quæ a longo tempore fuit
« observetur. » — Karol. imp. in lege Longobard. lib. II,
tit. LV, c. 25, édit. Lindenbrog, *Cod. legum antiq.*, 1613,
t. I, p. 664.

« Ipsi (Hispani profugi) ... pro majoribus causis, sicut
« sunt homicidia, raptus, incendia, deprædationes, mem-
« brorum amputationes, furta, latrocinia, alienarum rerum
« invasiones, et undecunque à vicino suo aut criminaliter
« aut civiliter fuerit accusatus et ad placitum venire jussus
« ad comitis sui mallum... venire non recusent. Cœteras
« vero minores causas more suo... inter se mutuo definire
« non prohibeantur. » — Ludovici Pii præcept. I, circa
an. 815, c. 2. — Baluze, *Capitularia*, t. I, p. 550.

« Quispiam eorum (Hispanorum profug.)... alios homi-
« nes... adtraxerit... in portione sua (adprisione)... liceat
« illi eos distringere ad justitias faciendas, quales ipsi inter se

appartenaient nécessairement à la juridiction du comte ou juge public ; parmi les autres se rangeaient les affaires de minime importance relevant d'une juridiction d'ordre secondaire qui pouvait être laissée aux grands possesseurs.

A la responsabilité et aux obligations du maître correspondaient en effet un droit indispensable de contrainte, et même une juridiction inférieure, la juridiction patrimoniale, exercée sur ses hommes par lui et par ses officiers particuliers. Telle était la situation d'un grand possesseur ayant sur sa terre, et dans sa dépendance par conséquent, des hommes de condition servile tout à la fois et des hommes libres qui, n'ayant pas de domaine propre, vivaient avec son agrément sur le sien, placés ainsi comme ses hommes propres sous son *mundium*. Le *mundium* était une sorte de patronage légal doublé d'autorité, fondé sur les coutumes traditionnelles les plus anciennes.

On voit ce qu'était en droit commun la justice exercée en principe sur tous par les comtes ou

« definire possunt. Cætera vero judicia, id est criminales « actiones ad examen comitis reserventur. » — Idem, c. 3. — Baluze, *Capitularia*, t. I, p. 551.

« Ut nisi pro tribus criminalibus actionibus, id est homi- « cidio, rapto et incendio nec ipsi (Hispani profug.) nec « eorum homines a quolibet comite aut ministro judiciariæ « potestatis... judicentur aut distringantur. Sed liceat ipsis « secundum eorum legem de aliis hominibus judicia termi- « nare et... de se et de eorum hominibus secundum pro- « priam legem omnia mutuo definire. » — Caroli Calvi Titul. VI an. 844, c. 3. — Baluze, *Capitularia*, t. II, p. 27.

juges publics ; mais, exceptionnellement dans les grands domaines, partagée entre eux, pour les causes qu'ils retenaient, et les possesseurs, pour celles qui étaient laissées à leur décision comme relevant de la justice patrimoniale.

§ 13. — Sous le régime de l'immunité, les traits essentiels de cette situation persistent. Le possesseur privilégié est toujours justiciable des juges publics et tenu de comparaître devant eux, soit pour lui-même, soit pour ses hommes libres et non libres, ou bien de conduire ces hommes à leur plaid[1] dans certains cas (§ 12). On a des raisons de penser que le comte pouvait d'ailleurs, sans violer l'immunité, saisir lui-même sur le

---

1. « Ut latrones de infra emunitatem a judice ipsius « emunitatis in comitis placito præsententur. Et qui hoc « non fecerit beneficium et honorem perdat. Similiter vassi « nostri... » — Capitularium l. V, c. 195. Baluze, *Capitularia,* t. I, p. 860. — Cf. Capitul., an. 779, c. 9 ; Capitul. excerpt. ex lege Longob., c. 18 ; Capitularium add. IV, c. 128. Baluze, *Capitularia,* t. I, p. 197, 354, 1220. — Lex Longobard., l. II, tit. XL, c. 3, édit. Lindenbrog, *Cod. leg. antiq.,* 1613, t. I, p. 636. — Ce texte concerne l'exercice de la juridiction du comte ou officier public sur les hommes de l'immunité pour les causes réservées à sa compétence, *causæ majores.* Pour ce qui est de l'immuniste, c'est-à-dire du maître lui-même, en parlant plus loin de la mundeburde royale, nous citons des textes d'où ressort la preuve que, malgré l'immunité, le possesseur privilégié restait soumis à la juridiction des juges publics, puisque dans les cas exceptionnels il pouvait, en vertu de cette mundeburde, réclamer, pour y échapper, le jugement du roi (§ 16).

territoire privilégié l'homme qu'on aurait refusé de lui livrer[2]. La juridiction du comte sur le privilégié et ses hommes subsistait donc malgré l'im-

---

2. « Si quis in immunitate damnum aliquid fecerit, soli-« dis DC culpabilis judicetur (alias : DC solid. componat). « Si autem homo furtum aut homicidium fecerit, vel « quodlibet crimen foras committens infra immunitatem « fugerit, mandet comes vel episcopo, vel abbati vel vice-« domino... ut reddet ei reum. Si... eum reddere noluerit,... « ad tertiam inquisitionem... damnum... solvere cogatur. « Et ipse comes veniens licentiam habeat ipsum hominem « infra immunitatem quærendi, ubicunque eum invenire « potuerit... » Capitul., an. 803, II, c. 2; Capitularium l. V, c. 263; l. VI, c. 291. — Baluze, *Capitularia*, t. I, p. 387, 876, 972. — Ce texte, où sont visés successivement les faits accomplis au dedans et au dehors de l'immunité, concerne : 1° tout homme qui aura commis dans l'immunité un crime, *furtum aut homicidium*, dont le jugement appartient au comte; 2° tout homme qui, ayant commis un crime quelconque, *quodlibet crimen*, hors de l'immunité, s'y sera ensuite réfugié. Il est difficile de croire qu'il doive être interprété différemment, d'après certaines variantes (Lex Longob., l. II, tit. XL, c. 4; Caroli Calvi, tit. XXXVI, c. 18; Capitular. l. III, c. 26), et qu'il vise exclusivement les crimes commis au dehors de l'immunité. Quant à la personne du coupable, peut-on admettre que ces dispositions ne concernent que celui qui était étranger à l'immunité, de sorte que le comte ne pût saisir que celui-ci, en cas de refus de le lui livrer; et que le maître pût soustraire à sa poursuite ses hommes propres, qu'il était tenu cependant de livrer à sa justice, suivant le texte donné au commencement de la note précédente? Quoi qu'on en pense, ce dernier texte suffirait, en tout cas, à la justification de notre thèse, que l'immunité n'empêchait pas les hommes du domaine privilégié de rester soumis à la juridiction des juges publics pour les causes qui dépassaient la compétence de la juridiction patrimoniale.

munité, toute réserve faite cependant pour les conséquences de la mundeburde royale dont il va être question. Cette exception de la mundeburde royale était au reste d'usage ancien et antérieure au régime de l'immunité, avec laquelle on voit néanmoins la mundeburde, après certaines modifications de ses conditions originaires, se mêler à la longue et se confondre en quelque sorte (§§ 15, 16).

Le juge public continue ainsi de juger et le privilégié et ses hommes, mais il ne peut toutefois, pour le faire, tenir son plaid sur les terres défendues par le privilège. En droit commun déjà, nous l'avons fait remarquer, il en était à peu près de même, le juge public ne pouvant tenir son plaid sur un domaine particulier sans la permission du possesseur (§ 12). Le droit que celui-ci avait incontestablement de la refuser n'impliquait assurément pas, il est bon de le faire remarquer, celui de supprimer ainsi ou de suspendre à sa volonté la juridiction du juge public; d'où l'on peut conclure que l'interdiction formulée pour le même objet par l'immunité ne devait pas plus avoir, quoi qu'on en ait dit, cette conséquence, que l'on veut bien à tort considérer comme forcée en quelque sorte.

L'interdiction absolue qui résulte de l'immunité ne semble pas, à première vue, différer beaucoup de la prohibition de droit commun. Il y a grandement lieu cependant de tenir compte à cet égard d'une distinction très réelle qu'il convient de faire entre l'interdiction absolue de tenir le plaid dans le domaine privilégié, laquelle résulte de l'immunité, et celle beaucoup moins complète qui, en droit commun, laisse au juge public la faculté de l'y tenir, sous la condition de l'assentiment du possesseur. Cette distinction n'est pas aussi spécieuse qu'on pourrait être tenté de le croire ; car il y a loin de l'interdiction formelle de tenir le plaid dans ces conditions, à une simple défense de le faire, mitigée par la faculté d'y échapper moyennant la formalité d'une autorisation que le juge public pouvait bien, en mainte circonstance, ne pas même daigner demander, et qu'en tout cas il eût été peut-être parfois difficile de lui refuser, s'il la demandait. C'était là cependant déjà quelque chose. Mais l'introduction dans le privilège d'immunité d'une interdiction absolue conforme du reste à la défense, qui était de droit commun, avait en fait une incontestable importance.

Il était paré ainsi dans une certaine mesure aux abus qui résultaient de la violation trop facile et probablement fréquente — on ne saurait en douter — des prescriptions de droit commun destinées à protéger le domaine et les droits du grand possesseur. Mais ce premier résultat de l'immunité devait être encore notablement augmenté, et l'efficacité de l'interdiction ainsi formulée considérablement renforcée par l'introduction de la *compositio* de 600 sols, édictée en outre contre toute violation de l'immunité, *immunitas fracta* (§ 6).

Voilà quelle est la signification, voilà quelle est la portée de la clause du privilège, *nec ad causas audiendas ingredi*. C'est la consécration, avec un accent plus prononcé, d'une disposition de droit commun, ayant pour objet de protéger le domaine privé contre l'intrusion abusive des juges publics, intrusion déjà refrénée par la législation ordinaire, mais absolument interdite en cas d'immunité, et finalement frappée par une pénalité spéciale de gravité exceptionnelle, qui ne se fit pas beaucoup attendre et ne dut pas rester sans effet. On comprend d'ailleurs quelles charges, quels abus et excès de tout genre pouvaient sans cela résulter d'une facilité laissée aux juges publics de s'introduire par cette voie dans les domaines privés; sérieux inconvénients auxquels coupait court le privilège de l'immunité, sous la garantie d'une *compositio* énorme en cas de violation du droit (§ 6).

A cela se bornait l'innovation. C'était beaucoup; mais il ne résultait immédiatement de là ni suppression ni même modification essentielle de la juridiction des officiers publics de justice, à laquelle rien n'était changé que la faculté, dès lors supprimée, de tenir, moyennant permission, leurs plaids dans le domaine privilégié. Il n'en résultait, pas plus que du refus permis en droit

commun au propriétaire d'empêcher la tenue des
plaids sur son terrain, la suppression de la juridiction ordinaire. Il n'en résultait surtout nulle
introduction d'une juridiction nouvelle au profit
du possesseur investi de l'immunité, dont la juridiction patrimoniale n'était augmentée en rien,
mais simplement raffermie et sauvegardée; son
exercice habituel étant ainsi affranchi de la gêne
et des entraves que l'intrusion des juges publics
aurait pu y apporter. L'interdiction faite par l'immunité aux juges publics de tenir leurs plaids
dans le domaine privilégié n'allait pas plus loin.
Elle ne portait donc nullement sur le droit de
juger en général, pas même sur celui de juger en
particulier telle ou telle nature de causes; elle
portait simplement sur le droit de le faire dans
un lieu dépendant du domaine privilégié.

Cette signification de l'interdiction est déter-
minée avec une incontestable précision par le
texte d'un diplôme de 697, grâce à une variante
de forme qu'il contient dans la définition de l'acte
interdit. Il y est dit, non pas que le juge public
ne pourra pas juger, mais qu'il ne pourra pas
avoir un lieu pour le faire, dans l'immunité[3]; par
où l'on voit clairement que l'immunité n'a d'autre

3. « Neque ullus judex publicus neque officialis ejus ad
« judicandum vel distringendum locum ibi habere audeat. »
— Childeberti regis privilegium Caëoldo Viennensi episcopo
et Ephibio abbati, de villa Geniciaco, concessum, an. 697.
— D'Achery, *Spicilège,* in-4°, t. XII, p. 103.

objet, en ce qui concerne la justice, que d'empêcher le juge d'installer son siège dans un lieu dépendant de l'immunité, ce qui n'implique nullement impossibilité de siéger ailleurs pour exercer sa juridiction. Tout au contraire, pourrait-on dire. L'existence de cette juridiction n'était donc aucunement mise ainsi en question. Ces considérations font évanouir les conclusions qu'on a parfois tirées de l'interdiction de tenir les plaids dans le domaine privilégié pour étayer le système qui fait venir de l'immunité la justice privée.

L'existence signalée dans la précédente discussion de la justice patrimoniale, indépendante de l'immunité et antérieure à son institution, implique nécessairement l'existence antérieure aussi des juges privés ou agents particuliers des possesseurs chargés d'exercer cette justice patrimoniale. Le rôle judiciaire de ces officiers et la juridiction qu'ils exercent dans ce cas n'ont aucun rapport avec l'immunité. Il ne suffit donc pas de trouver dans un texte la mention des juges privés avec un rôle judiciaire quelconque, pour conclure de là à l'existence d'une juridiction privée procédant de l'immunité, puisqu'il peut n'être question dans ce cas que de la juridiction patrimoniale qui est tout autre chose. Ces observations démontrent l'inanité d'une argumentation fondée sur ces appréciations et souvent invoquée, à tort on le voit, pour établir que la justice privée vient de l'immunité. Nous aurons occasion de le rappeler ultérieurement.

§ 14. — Les observations qui terminent le paragraphe précédent montrent qu'on ne saurait considérer certains actes de juridiction inférieure exercés de tout temps par les agents des grands possesseurs, soit laïques, soit ecclésiastiques, comme impliquant la substitution de la justice privée à la justice publique par suite de l'immunité. On a sans plus de raison, pour arriver aux mêmes conclusions, attribué souvent le caractère d'actes de juridiction à ce qui avait une tout autre signification, chaque fois par exemple qu'on trouvait le rôle de ces agents particuliers qualifié à l'aide de la locution *justitiam facere*, ou de quelqu'autre analogue. Cette remarque nous amène à fournir quelques explications sur cette locution pour n'avoir pas à y revenir chaque fois que nous rencontrerons ces appréciations.

La locution *justitiam facere* signifie quelquefois juger, *judicare*, *judicium facere;* mais elle signifie parfois aussi faire droit, *rectum* ou *judicatum facere*, s'exécuter conformément au droit ou à la sentence du juge. Nous avons eu déjà occasion de nous expliquer sur cette double signification [1]. De nouvelles investigations nous ont mis en possession d'arguments, c'est-à-dire de preuves que nous n'avions pas encore à ce sujet. Nous laissons de côté les textes où *justiciam facere* peut signifier *judicare;* le sens de ceux-là n'est contesté

---

1. *L'Immunité,* 1882, § 30, note 1.

par personne. Parmi ceux où l'on doit, croyons-
nous, interpréter la locution dans le sens de *rectum* ou *judicatum facere*, il en est qui pourraient
sembler d'une signification ambiguë ; mais il en
est aussi, et il est bon de les rapprocher des
autres, qui ne permettent aucune incertitude, et
où le sens que nous croyons devoir leur attribuer
est évident, c'est-à-dire nécessaire et forcé, sous
peine d'absurdité. Nous en avons relevé plusieurs.

Dans un de ces textes[2], il est question de deux
individus, l'un devant recevoir, et l'autre, payer
le prix de la *faidà*, qui sont les parties adverses
engagées dans la même affaire. Celui des deux de
qui il est dit qu'il ne veut ni racheter la *faida*, le
droit de vengeance de l'autre, *nec pro faida pretium solvere*, ni faire droit, *nec justiciam exinde
facere*, est incontestablement un justiciable et
non un juge. *Justiciam facere* ne peut donc pas
signifier ici juger, mais signifie certainement *rectum* ou *judicatum facere*.

Dans un autre texte[3], il est parlé de refus et

2. « Si quis pro faida pretium recipere non vult... eum
« dirigemus ubi damnum minimè possit facere... Et qui pro
« faida pretium solvere noluerit, nec justitiam exinde facere,
« in tali loco eum mittere volumus ut pro eodem majus
« damnum non crescat. » — Capitul., an 779, c. 22. — Baluze,
*Capitularia*, t. I, p. 198.

3. « Ut ubicunque missi nostri... quemlibet quocunque
« honore præditum invenerint qui justitiam facere noluerit
« vel prohibuerit... » — Capitul., an. 793, c. 13. — Baluze,
*Capitularia*, t. I, p. 545.

même d'empêchement apporté à ce que justice ne soit faite. Ce texte serait assurément difficile à comprendre si l'on voulait y voir un juge coupable de ne pas vouloir juger ou d'empêcher de juger. Il s'explique au contraire tout naturellement s'il s'agit non d'un juge, mais d'un justiciable, de quelque rang qu'il fût, qui refuserait ou empêcherait de faire droit, c'est-à-dire d'exécuter un jugement. Ici encore, *justiciam facere* signifie nécessairement *rectum* ou *judicatum facere*.

Ailleurs[4], les comtes et les centeniers sont chargés d'obliger les gens à faire justice, *justitiam facere*. Il s'agit évidemment pour ces officiers de contraindre tout le monde, non pas à juger, mais à faire droit ou justice en se soumettant aux jugements. Dans ce texte, *justitiam facere* signifie donc également *rectum* ou *judicatum facere*. Nous avons cité précédemment (§ 12, note 4) un spécimen encore de la même locution dans cette acception, à la date de 801.

Ces exemples suffisent, croyons-nous, pour démontrer que, dans la langue des Capitulaires, la locution *justitiam facere* peut signifier non seulement *judicare*, mais encore, en certains cas, *rectum* ou *judicatum facere*. C'est ce dernier sens que nous lui donnons, concurremment avec le sens *judicare*, dans plusieurs autres textes aux-

---

4. « Ut comites et centenarii omnes ad justitiam facien- « dam compellant... » — Capitul., an. 802, c. 25. — Baluze, *Capitularia*, t. I, p. 370.

quels nous nous bornons ici à renvoyer, sans les citer *in extenso* [5].

La locution *justitiam facere* se retrouve sous la forme *justitiam reddere*, avec le sens *rectum* ou *judicatum facere* dans une autre locution un peu plus complexe qui n'a jamais été, que nous sachions, bien comprise, dans la locution *justitiam percipere et reddere (facere)* [6]. Cette locution, dans cette forme et dans d'autres analogues, signifie, croyons-nous, *rectum* ou *judicatum accipere et reddere* alternativement, soit comme demandeur, soit comme défendeur, soit comme ayant eu gain de cause, soit comme condamné, dans une affaire judiciaire ; ce qui se rapporte, dans ces divers

5. Capitul., an. 779, c. 21 ; Capitul., an. 793, c. 10; Capitul., an. 800, c. 52; Capitul., an. 802, c. 13; Capitul., an. 815, c. 3; Capitul., an. 819 V, c. 23 ; Capitularium additio IV, c. 139. — Baluze, *Capitularia*, t. I, p. 198, 544, 338, 366, 551, 617, 1222. — Additio Caroli M. ad legem Longobard. Tit. XLIV, c. 2, édit. Lindenbrog, *Cod. legum antiq.*, 1613, t. I, p. 642.

6. Tous ceux qui ont interprété la locution en question n'ont pas hésité à faire de *justitiam reddere* l'équivalent de *justitiam facere*, mais avec le sens inexact de juger, dans le texte notamment si souvent cité : « Episcopi vel potentes... etc., » de l'an 615, donné un peu plus loin dans la note 9 du présent paragraphe. On trouvera la locution avec la forme *justiciam facere* pour *justitiam reddere*, dans un autre texte de 812, reproduit également ci-après, note 10. Quant au sens propre de *justitiam reddere* pour *justitiam facere*, il est nettement déterminé par la locution *justitiam reddere compellantur (infames et clamodici)*, qu'on trouve dans la première partie d'un texte cité ci-dessus, § 12, note 1, et par le rapprochement des textes cités dans les notes 9 et 10 du présent paragraphe.

cas, à la condition de justiciable et non à celle de juge. Nous avons des textes qui ne permettent pas, ce nous semble, de douter que tel ne soit le sens de la locution en question.

Le premier de ces textes est fourni par une formule relative aux délais accordés en justice à un absent, de qui il est dit qu'à son retour les causes qui le concernent seront reprises par lui, soit à titre de défendeur, soit à titre de demandeur, suivant le cas[7]. Il ne s'agit évidemment pas pour l'intéressé de prendre ici le rôle de juge dans sa propre cause.

Dans un second texte emprunté à un diplôme donné en 845 par l'empereur Lothaire à l'abbaye de Novalèse[8], il est dit que les hommes de l'abbaye, pour tout crime, doivent, suivant le cas, rendre ou recevoir justice, c'est-à-dire être poursuivis ou exercer eux-mêmes les poursuites devant le comte du lieu. Il s'agit encore là de justiciables et non de juges.

Ces textes ne laissent aucune incertitude sur le caractère de justiciable de ceux qui y sont dits faire ou prendre justice, *justitiam* ou *justitias reddere aut recipere*, devant le comte notamment, ni sur la signification de la locution dans ces deux

---

7. « In suspenso resedeant (causæ), et postea unicuique « justitiam reddat (absens redux) et ab aliis simili modo reci- « piat. » — Rozière, *Recueil général des formules,* n° 455.

8. « Pro criminalibus culpis... ante comitem illius loci... « justitias reddant et ab aliis recipiant. » — Muratori, *Antiquitates italicæ,* t. V, p. 971.

cas et dans quelques autres analogues. Tels sont certains cas où la locution est appliquée aux agents, aux *advocati* par exemple des grands possesseurs laïques ou ecclésiastiques. Bien que ces agents soient parfois investis du droit d'exercer pour le maître une sorte de juridiction, la juridiction patrimoniale, comme nous l'avons dit précédemment (§§ 12, 13), ce n'est pas de cela qu'il s'agit vraisemblablement dans deux documents entre autres où ces *advocati* sont signalés comme devant prendre et rendre justice, *justitiam percipere et aliis reddere*[9]; *justitiam suscipere et facere*[10]. Leur rôle dans ce cas n'est pas celui de juge, mais celui de justiciable, comme mandataires chargés d'ester pour le maître en justice, soit comme demandeurs ou comme ayant eu gain de cause, *ad justitiam percipiendam, suscipiendam*, soit comme défendeurs ou comme condamnés, *ad justitiam reddendam, faciendam*.

Outre les observations qui précèdent sur l'interprétation des locutions *justitiam facere* et

9. « Episcopi vel potentes qui in aliis possident regionibus, « judices vel missos discussores de aliis provinciis non ins- « tituant nisi de loco, qui justitiam percipiant et aliis red- « dant. » — Capitul., an. 615, c. 19. — Baluze, *Capitularia*, t. I, p. 24.

10. « Ut qui se reclamaverit super pontificem, qui justi- « tiam habeat ad requirendum, dirigat illum comes... ad « ipsum pontificem... Et... ubicunque substantiam pontifex « habuerit, advocatum habeat in ipso comitatu, ut absque « tarditate justitiam faciat et suscipiat. »—Capitul., an. 812, c. 29. — Baluze, *Capitularia*, t. I, p. 548.

*reddere*, ou *percipere* et *accipere*, il y en a quelques-unes à faire encore sur le sens du mot *justitia*. Dans les capitulaires notamment, ce sens est multiple et varie beaucoup. Dans les locutions que nous venons de rappeler, et dans quelqués autres analogues, comme *justitiam petere, recipere, dilatare*[11], la signification de *justitia* peut aller de l'idée du jugement prononcé ou subi jusqu'à celle de la *compositio* adjugée ou perçue. Il en est à peu près de même des locutions *justitia* ou *justitiæ ecclesiarum, viduarum, orphanorum, pupillorum, pauperum*, où la signification du mot *justitia* irait de l'idée de droit, de procès, de cause engagée et vidée, jusqu'à celle de *compositio* également. De même dans *justitiam suam recipere*, le sens de *justitia* comprendrait avec l'idée du droit reconnu et proclamé en jugement celle de la *compositio* accordée en même temps. Dans les locutions *justitia regis, imperatoris, comitis*, le mot *justitia* correspond aux idées de juridiction, de compétence, ainsi qu'à celles de jugement et probablement de jouissance des profits de la justice, *freda*.

Ce qui montre que déjà dans les capitulaires la signification du mot *justitia* pourrait aller jusqu'à l'expression des produits ou fruits de la justice, *compositiones* et *freda*, c'est que cette interprétation s'accorde avec le sens des textes, et que par

---

11. Pour les locutions que nous citons, voir les textes visés dans les tables de l'édition de Baluze des *Capitulaires,* 2 vol. in-fol., 1780.

la suite on ne tarde pas à trouver la justification
d'une semblable appréciation dans de nombreuses
preuves d'où résulte que bientôt il en est évidemment ainsi. Les justices, *justitiæ*, désignent en
mainte circonstance les amendes et même toute
espèce de revenus, prestations et impôts[12].

*Justitia, justitiæ*, ce sont, on le voit, dans beaucoup de cas, les produits de la justice. C'est là le
sens propre de ces mots pendant tout le moyen
âge. Montesquieu le leur reconnaît au XVIIIe siècle
(§§ 31, 33); et, quel qu'en soit le fondement, il
n'y a aucune raison pour en contester la réalité.
Ces expressions ainsi entendues ont pu n'être pas
étrangères à la conception de la théorie que la
jouissance des fruits de la justice, *justitiæ*, était
un titre suffisant pour légitimer la possession de
la justice seigneuriale, comme nous le verrons
affirmer au XIIIe siècle (§ 22) : doctrine juridique
qui se confond avec le système que la concession
des droits du fisc a pu engendrer la justice privée.
Cette opinion, nous le reconnaîtrons, remonte
très haut. Elle régnait exclusivement au moyen
âge. Condamnée implicitement au XVIIe siècle par
Bignon, qui, sans s'expliquer davantage à ce sujet,
substitue à la thèse ancienne une théorie nouvelle
(§ 26); elle est reprise encore dans une certaine
mesure ultérieurement, réveillée par Montesquieu
(§ 34), relevée par Naudet (§ 44), admise acces-

---

12. Du Cange, *Glossarium*, vo *Justitia*.

soirement par Boutaric (§ 58), par M. Fustel de Coulanges (§ 62) et par M. Flach (§ 65).

## VI. LA MUNDEBURDE ROYALE.

§ 15. — Les expressions *immunitas, defensio, tuitio, mundeburdium* ou *mundeburdis*, qui figurent souvent dans les qualifications appliquées au privilège, ne sont pas, nous l'avons dit (§ 6), tout à fait équivalentes, quoiqu'elles semblent dans ces qualifications présentées parfois à peu près comme telles. La dernière, sous les deux formes *mundeburdium, mundeburdis*, est du reste beaucoup plus rarement employée que les autres[1]. Toute réserve faite pour l'effacement graduel de sa signification originaire, comme nous le montrerons, dans des diplômes où son introduction a pu finir par n'être plus à la longue que de style seulement, il y a lieu de se demander quel était en principe le sens propre de cette locution, et jusqu'à quel point ce sens primitif a pu s'altérer, dans les conditions que nous venons d'indiquer.

Les deux expressions *defensio* et *tuitio* se com-

---

1. Dans les 196 diplômes d'immunité que nous avons empruntés au *Gallia christiana* (*L'Immunité*, 1882, § 2), l'expression *mundeburdium* est employée 8 fois seulement et l'expression *immunitas* 77 fois pour désigner le privilège. Dans les 178 diplômes d'immunité tirés du *Reichs archiv* de Lunig, il ne s'en trouve que 18 mentionnant le *mundeburdium;* dans les 202 diplômes extraits des *Antiquitates Italicæ* de Muratori, 22 ; et une dizaine dans les *Diplomata merovingica* de Pertz.

prennent aisément. Elles ont un caractère général, une signification un peu flottante sous laquelle peuvent se ranger diverses idées particulières. Il ne paraît pas devoir en être au fond de même des mots *immunitas* et *mundeburdium* qui correspondaient originairement à des notions spéciales, distinctes et parfaitement précises. L'immunité, *immunitas*, était, avant tout, l'interdiction opposée à tout officier public de pénétrer pour l'accomplissement d'un acte quelconque sur le domaine privilégié (§ 5). La mundeburde royale, *mundeburdis*, *mundeburdium*, était, comme son nom l'indique, un régime fondé sur le *mundium* du roi. Nous avons dit ce que c'était que le *mundium* (§ 12). La mundeburde royale était originairement une institution en vertu de laquelle la juridiction sur ceux qui jouissaient de ce privilège se trouvait transportée des juges publics au roi lui-même et aux officiers exerçant près de lui ce qu'on appelait la justice du palais, *palatium*.

L'immunité et la mundeburde étaient en principe, on le voit, des institutions tout à fait distinctes et indépendantes l'une de l'autre. Elles appartenaient même dans leurs origines à des temps différents. La mundeburde était, on a lieu de le croire, plus ancienne que l'immunité. Plus tard, cependant, associées l'une à l'autre, elles tendent à se confondre. Dans cette confusion, il convient de le constater, c'est la mundeburde qui change graduellement de caractère. Associée à l'immunité, la mundeburde royale ne tarde pas à perdre sa portée originaire[2]; ce qui indique dans son régime un affaiblissement d'où découle l'effacement de caractère que nous signalons. Bientôt, en effet, elle n'a plus pour conséquence la substitution complète de la juridiction du roi à celle des juges publics en faveur du privilégié. Elle ne donne plus à ce dernier que la faculté de réclamer accidentellement, dans certains cas, cette substitution. Bien plus, l'oubli rapide du sens propre de l'expression *mundeburdium* ou *mundeburdis* permet de penser que ce recours accidentel au roi était peu fréquent, de plus en plus rare probablement, et qu'il a pu tomber graduellement dans une sorte de désuétude. Ce ne sont pas là de pures suppositions. Les faits justifient ces assertions, comme il est aisé de le constater.

2. Les chartes de l'abbaye d'Anisole permettent d'observer la marche suivie par ces modifications. Deux de ces chartes des années 528 et 546 montrent la mundeburde royale produisant, ce semble, tous ses effets ainsi définis : « Quaprop- « ter... jubemus ut neque vos (judices publici) neque succes- « sores vestri nec aliquis de fidelibus nostris in causas aut « in rebus ipsius sancti viri ingredere non præsumatis. » (Charte de 528, dans Pertz, *Diplomatum* t. I, p. 3, n° 2.) « Quapropter jubemus ut neque vos neque juniores vestri aut « successores, vel missi de palatio nostro discurrentes... nec « condemnare nec inquietare... non præsumatis. » (Charte de 546, ibidem, t. I, p. 6, n° 4.) — Dans deux chartes ultérieures de 562 et 681, il n'en est plus de même. La défense de juger, *condemnare,* n'y est pas absolue, mais réduite à certains cas, comme on peut le voir par les extraits de ces chartes donnés dans la note 1 du paragraphe suivant.

§ 16. — Pour ce qui est du recours non permanent comme à l'origine, mais purement accidentel du privilégié à la justice du roi, en vertu de la mundeburde associée à l'immunité, certains diplômes où les deux privilèges sont mentionnés expressément montrent que, dans cette combinaison, loin de substituer absolument à la juridiction des officiers publics celle du roi, c'est-à-dire au jugement du *mallum*, le jugement du *palatium*, la mundeburde royale n'entraîne ce déplacement de compétence que dans certains cas seulement, où le privilégié a la faculté de se soustraire exceptionnellement ainsi à la juridiction ordinaire des officiers publics, et de recourir à celle du palais, au jugement du roi.

Les conséquences modifiées de la mundeburde royale s'accusent en ces termes dans des chartes des VIe, VIIe et VIIIe siècles, où, la mundeburde étant formellement associée à l'immunité, il est dit que, pour cette raison, dans certains cas où une cause intéressant le privilégié ne saurait être jugée au *mallum* sans préjudice pour lui, cette cause devra être réservée à la juridiction du *palatium*, c'est-à-dire à celle même du roi ou des officiers de son palais[1].

1. « Gallus abbas... expetiit ut eum et... monasterium « (Anisolam)... mundeburdio nostro recipere deberemus. Qua- « propter... liceat eis sub sermone nostræ tuitionis vel sub « emunitate nostra quietos vivere... et si aliquas causas « adversum ipsum monasterium... surrexerint (quas) a vobis « (judic. publ.) aut junioribus vestris absque eorum iniquo

Si, après s'être modifiée, la mundeburde royale associée à l'immunité avait eu, comme à l'origine, pour conséquence de substituer complètement à l'égard de ceux qui jouissaient de ce privilège la juridiction du roi à celle des juges publics, le jugement du *palatium* à celui du *mallum*, il n'y eût eu aucunement lieu de stipuler, ainsi que nous venons de le voir, cette substitution pour les cas spécialement où le jugement au *mallum* semblerait devoir être préjudiciable aux intérêts du privilégié. Ces dispositions prouvent que tout au contraire celui-ci, malgré la mundeburde royale

« dispendio terminatas non fuerint, usque in presentia nos-« tra omnimodis servetur et ibidem finitivam sententiam... « debeant accipere... » — 562. Chilperici regis diploma pro Anisolensi monasterio. — Pertz, *Diplomatum* t. I, p. 12, n° 9.

« ... Liceat eis sub sermone tuitionis nostræ vel sub emu-« nitatis nostræ quietos vivere... Et si aliquas causas adver-« sum ipsum monasterium aut mitio ipsius abbatis, ortas « fuerint aut surrexerint, quas a vobis aut junioribus vestris « absque eorum iniquo dispendio terminatas non fuerint, « manu eorum... (et) vestra quousque in presentiam nostram « omnimodo servetur, et ibidem finitivam sententiam per « legem et justiciam debeant accipere... » — 681. Theoderici regis diploma pro Anisolensi monasterio. — Pertz, *Diplomatum* t. I, p. 45, n° 50.

« Et si tales causæ adversum ipsum Dubanum (abbatem) « aut homines suos præceperint aut ortæ fuerint, quæ in « pago absque suo iniquo dispendio recte definitæ non fue-« rint, nos omnimodis jubemus ut sint suspensæ vel reser-« vatæ, et postea per nos pro lege et justicia finitivas acci-« piant sententias. » — 748. Pippini majoris domûs diploma pro Hohenaugiensi monasterio. — Pertz, *Diplomatum* t. I, p. 105, n° 20.

modifiée, aussi bien que malgré l'immunité qui le couvraient, continuait à ressortir dans les cas ordinaires à la juridiction des officiers publics, à la justice du comte, au tribunal du *mallum* provincial.

Il est permis de conclure de là qu'en fait, dans les privilèges où elle est associée à l'immunité, la mundeburde royale, après certaines modifications, ne supprimait pas absolument la juridiction des officiers publics sur le privilégié, mais permettait seulement à celui-ci de décliner exceptionnellement cette juridiction, dans certains cas, pour recourir à la justice du roi lui-même, exercée au *palatium*.

§ 17. — Dans son association à l'immunité, la mundeburde royale, nous venons de le constater, ne donne bientôt plus, comme nous l'avions annoncé, au privilégié que la faculté de recourir accidentellement et dans certains cas seulement à la juridiction du roi. Nous avions ajouté que, de plus, ce recours devait être rare et de moins en moins fréquent, et qu'à la longue il avait enfin dû tomber tout à fait en désuétude. Ces conclusions résulteraient, avions-nous dit, de cette observation que le sens propre du mot *mundeburdium* se perd rapidement. La signification de cette expression paraît en effet de bonne heure assez flottante, et elle se modifie à ce point qu'on finit, ce semble, par ne plus savoir à quoi elle répondait dans le principe. Il faut bien pour cela que l'institution elle-même ait été oubliée et qu'après avoir été de moins en moins mise en jeu, elle ait graduellement à peu près disparu. On ne saurait guère, en présence de tels faits, se refuser à reconnaître la légitimité de ces inductions.

Les documents où se trouve mentionnée la mundeburde royale ne sont pas, nous l'avons fait observer, très nombreux. Leur rareté est d'accord avec les considérations qui précèdent. Nous avons relevé une soixantaine seulement de documents ainsi caractérisés parmi un millier de chartes d'immunité, dans un dépouillement méthodique des collections du *Gallia christiana*, des *Diplomata merovingica* de Pertz, du *Reichs archiv* de Lunig et des *Antiquitates italicæ* de Muratori (§ 15, note 1).

Nous y trouvons l'expression *mundeburdium* rapprochée de celles de *defensio, tuitio, tutela, jus imperatoris, immunitas*, dans des énumérations dont voici des exemples : *sub imperatoris mundeburdio et defensione*, 821 ; *sub immunitate et mundeburdio*, 898 ; *sub regis tuitionis defensione et mundeburdio*, 920 ; *sub regis tutela et mundeburdio*, 988 ; *sub regis jure, mundeburdio et defensione*, 1013. Dans ces exemples, dont on a des spécimens répartis entre les dates extrêmes de 800 à 1223, la mundeburde royale pourrait bien s'entendre parfois avec son sens propre, déjà modifié cependant conformément aux observations que nous avons faites tout à l'heure sur sa portée res-

treinte, quand elle est associée à l'immunité (§ 16) ;
mais souvent aussi, en raison de la désuétude évidente qui atteint de bonne heure cette institution,
la mention qu'on en trouve ne doit plus être probablement que de style seulement, comme cela a
lieu dans bon nombre des documents où elle est
nommée, à partir du x⁰ siècle notamment et
même plus tôt peut-être.

De très bonne heure, l'expression *mundeburdium* perd sa signification précise, et on la voit
employée comme l'équivalent à peu près de celles
qui sont simplement rapprochées d'elle dans des
énumérations comme celles que nous venons de
signaler. Ainsi, on trouve *mundeburdium sive
defensio* en 773 et en 850; *mundeburdium vel tuitio* dès 528; *mundeburdium vel immunitas* en 528,
546, 562, 681 [1]. Dans ces locutions, l'expression

1. « Liceat eis per hanc auctoritatem a nobis firmatam,
« *sub immunitatis nostræ tuitione vel mundeburde* quietos
« resedere... » — 528. Childeberti regis diploma pro Anisolensi monasterio. — Pertz, *Diplomatum* t. I, p. 3, n° 2. — Dans
ce texte, il faut lire, croyons-nous, non pas *sub tuitione vel
mundeburde immunitatis nostræ,* mais *sub tuitione immunitatis
nostræ vel mundeburde,* c'est-à-dire *sub immunitate nostra,
vel mundeburde.* Cette appréciation est justifiée par trois
autres chartes données à la même abbaye par les rois Childebert en 546, Chilpéric Iᵉʳ en 562, Théodoric III en 681 ;
d'où ressort l'équivalence des locutions *sermo tuitionis regis,
mundeburdis,* et *immunitas,* rapprochées dans cette formule
que les trois documents reproduisent d'une manière à peu
près identique : « Abba de monasterio Anisola expetiit ut
« monasterium *sub sermone tuitionis nostræ vel mundeburde*
« recipere deberemus... quapropter liceat *sub sermone tui-*

*mundeburdium* ne peut avoir été présentée comme l'équivalent, ou à peu près, des mots *defensio*, *tuitio*, *immunitas*, qu'à la condition seulement d'avoir perdu la précision et la spécialité de son sens originaire.

Dans d'autres cas, cette modification de sens s'accuse d'une manière plus sensible encore par l'emploi du même mot *mundeburdium* avec le sens propre des mots dont il semble pris comme l'équivalent dans les exemples précédents. On trouve *mundeburdium defensionis* sous les dates de 898, 992, 1022, 1177, au lieu de *defensio mundeburdii* dont on a des exemples de 683, v. 870, 896, 1007. On trouve *mundeburdium tuitionis* sous les dates de 943, 1055, 1177, au lieu de *tuitio mundeburdii*, dont on a des exemples de 896, 1117. On trouve *mundeburdium imperialis protectionis* sous la date de 1055, au lieu de *protectio mundeburdii* donné sous la date de 1177.

Dans ces dernières locutions, le mot *mundeburdium* prend le sens général et assez vague de défense, garde, protection, qui est celui des mots *defensio, tuitio, protectio*, auxquels il est substitué, au lieu du sens précis et tout spécial de la mundeburde royale, auquel seul il répondait originairement. Le changement d'acception avec passage d'une signification particulière à une signification générale est encore plus marqué dans la locution

---

« *tionis nostræ vel sub emunitate nostra... vivere.* » — Pertz, *Diplomatum* t. I, p. 6, 12, 45.

*mundeburdium immunitatis*, qu'on trouve sous les
dates de 843, 850, 879[2], et qui ne peut signifier
que la défense ou protection résultant de l'immunité. Le mot *mundeburdium* n'a évidemment plus
ici que cette signification d'un caractère général,
et ne correspond plus du tout à la mundeburde
royale et à ses conséquences de juridiction exceptionnelle réservée au roi. A plus forte raison en
est-il encore ainsi de l'emploi du même mot pour
exprimer par exemple la protection d'un saint
patron, *sub mundeburdio et defensione sancti Petri*,
dans un diplôme de l'abbaye d'Andlau, de 916[3],
où il n'est certainement pas question de substituer
la juridiction de saint Pierre à celle des juges
publics.

On se rappelait alors si peu ce qu'était jadis la
mundeburde royale qu'à la fin du $x^e$ siècle, dans
une charte de 961, donnée par Otto $I^{er}$ à l'église de
Minden, le souverain déclare que sa mundeburde
royale place les hommes de cette église sous la

2. « *Sub nostræ immunitatis mundeburdio* ponimus. »—843.
Lotharii imp. diploma pro Aretinensi ecclesia. — Muratori,
*Antiquit. Ital.*, t. V, p. 941.

« *Sub nostræ tuitionis et immunitatis mundeburdio* recepi-
mus. » — 850. Caroli regis diploma pro Lemovicensi ecclesia.
— *Gallia christiana*, t. II, Instrum. p. 166.

« *Sub nostræ immunitatis mundeburdio* ponimus ac confir-
mamus. » — 879. Caroli regis diploma pro Aretinensi ecclesia. — Muratori, *Antiquit. Ital.*, t. V, p. 943.

3. 916. Caroli regis diploma pro Eleonensi monasterio. —
Lunig, *Reichs archiv. Spicileg. ecclesiast.*, t. VII, pars 2,
p. 119.

juridiction de l'évêque et de ses officiers[1]. La mundeburde du roi, *mundeburdium regale*, loin d'emporter ici le droit de ressortir à la juridiction royale, implique simplement celui d'être soumis à une juridiction privilégiée, celle dans ce cas d'un évêque. Le privilège n'est plus autre chose dans ces termes qu'une concession ou confirmation de juridiction à cet évêque; ce qui diffère notablement d'une concession de la mundeburde du roi.

§ 18. — Arrêtons-nous dans cet examen. Il permet de constater l'effacement graduel du caractère originaire de la mundeburde royale, à partir du moment où on la voit associée à l'immunité; l'affaiblissement dans ces conditions du régime auquel correspond l'institution; la désuétude enfin où elle tombe, jusqu'à produire l'oubli du sens propre longtemps attaché à son nom, *mundeburdium*. Ces résultats sont d'accord avec le fait, reconnu d'ailleurs d'après des témoignages positifs, que pendant cette période d'amoindrissement la mundeburde, dans son association à l'immunité, n'a bientôt plus sa signification absolue originaire, mais une signification restreinte; et que, dans ces termes, le privilège, avant de perdre toute valeur, n'implique la mise en jeu de

[1] « Hominibus monasterii mundeburdium et tuitionem « nostram constituimus, ut coram nulla judiciaria potestate « examinentur, nisi coram episcopo aut advocato quem ele- « gerit... » — Lunig, *Reichs archiv. Spicileg. ecclésiast.*, t. III, pars 1, p. 102.

la juridiction royale que d'une manière accidentelle, et dans certains cas seulement (§ 16).

Au point de vue de la présente étude, nous
tirerons de ces considérations et des particularités
qui les motivent cette conclusion : que la mundeburde royale, modifiée dans son association à
l'immunité, n'implique pas plus la suppression
absolue de la juridiction ordinaire des juges publics,
comtes et autres, pour y substituer la justice
directe du roi au *palatium*, que ne le fait l'immunité elle-même pour instituer à sa place celle des
juges privés, agents du possesseur. La mundeburde oppose seulement à l'action des juges publics
quelques exceptions qui limitent et suspendent
dans certains cas leur compétence à l'égard du
privilégié ; situation qui semble même ne s'être
pas beaucoup prolongée, et qui ne supprime nullement leur juridiction. Ce résultat est analogue à
celui de l'immunité elle-même, dont l'objet était
surtout, rappelons-le, d'interdire aux officiers
publics de pénétrer dans le domaine privilégié ;
interdiction qui comprenait celle d'y tenir leurs
plaids. L'immunité ne contenait rien de plus touchant l'exercice de la juridiction, laquelle n'était
par là nullement enlevée aux juges publics, pour
être attribuée aux juges privés.

## VII. LA JUSTICE PRIVÉE.

§ 19. — Nous pouvons regarder comme acquise
la démonstration de ce fait que ni l'institution de

l'immunité, ni l'adjonction qui, dans certains termes, a pu lui être faite parfois de la mundeburde royale ne visent à supprimer la juridiction des juges publics. Il ne résulte de la dernière que la substitution accidentelle des juges du palais à eux ; mais de la première on ne peut déduire rien d'analogue au bénéfice des juges privés, ni à plus forte raison lui attribuer le remplacement absolu des juges publics par ceux-ci, et y voir par conséquent aucune concession ni institution de justice privée. L'interdiction notamment aux juges publics de tenir leurs plaids dans les domaines privilégiés n'a pas cette signification ni cette portée, et n'est autre chose que le rappel et la confirmation en termes plus absolus d'une prescription de droit commun qui ne leur laissait pas la faculté de tenir plaid à leur gré dans un lieu appartenant à un particulier, et ne leur permettait de le faire que moyennant l'autorisation du maître ou possesseur de ce lieu (§ 12).

L'immunité laisse donc à peu près intacte la justice ordinaire rendue par les officiers publics (§ 13). Quant à la mundeburde royale, associée à l'immunité et de bonne heure modifiée dans cette association, elle atteint un peu il est vrai la justice des officiers publics en raison du droit qu'elle confère au privilégié de réclamer exceptionnellement, dans certains cas, la justice du roi ; mais quelque étendue que l'on accorde à cette faculté, probablement fort réduite dans la pratique —

nous l'avons montré (§§ 15 à 18) — on ne saurait la considérer comme impliquant la suppression
de la justice ordinaire exercée par le comte et par
les autres officiers publics de justice. Elle ne
donne en tout cas, pas plus que l'immunité elle-
même par ses interdictions, — nous insistons
sur ce fait — aucun droit nouveau de juridiction
au possesseur privilégié ni à ses agents et officiers
particuliers.

De ces diverses considérations ressort cette conséquence que l'immunité n'avait pas du tout pour
but et ne pouvait avoir pour résultat direct d'introduire des innovations essentielles dans le régime
de la justice; que surtout elle n'emportait nullement constitution de la justice privée aux mains
des grands possesseurs et de leurs agents. Son
objet tout autre était de garantir ces possesseurs
contre l'intrusion, et les exactions qui s'ensuivaient, des comtes et autres officiers publics dans
les domaines couverts par le privilège. Voilà ce
qu'était l'immunité dans son principe. Elle a pu
devenir par la suite l'occasion d'importantes
acquisitions au profit des possesseurs qu'elle protégeait, et le point de départ d'empiétements
accomplis par eux au delà et en dehors de leurs
droits légitimes. La justice patrimoniale, qui était
antérieurement déjà un de ces droits, a dû à l'immunité un affranchissement immédiat et un essor
ultérieur qui ont pu favoriser à la longue la constitution de la justice privée; mais c'est là une

question dont nous n'avons pas à nous occuper maintenant. Nous l'avons étudiée ailleurs[0]. Nous n'avons pas ici en vue le développement des faits qui par la suite ont pu aider à la constitution de la justice privée, mais l'origine seulement de cette institution, et, en particulier, la part qu'on a prétendu y assigner à l'immunité.

§ 20. — La justice privée ne vient pas de l'immunité. Telle était déjà la conclusion de notre premier travail (1882). L'opinion contraire que nous heurtions nécessairement ainsi a été relevée dans les termes les plus précis par un savant professeur qui se porte le champion de cette opinion. « M. Aug. Prost pense et dit très clairement, « ainsi s'exprime M. Fustel de Coulanges, que la « juridiction du comte était maintenue (malgré « l'immunité). Mon opinion, au contraire, ajoute- « t-il, est qu'elle était supprimée, sauf un cas que « j'ai signalé[1]. » Ce cas était, suivant M. F. de Coulanges, celui où un homme du domaine était en conflit avec un étranger[2]. Il existe des textes

0. *L'Immunité*, 1882, §§ 18 à 27 : Développements ultérieurs.
1. *Revue historique*, 1884, t. XXIV, p. 359.
2. Voici comment le cas est signalé par M. F. de Coulanges : « Les textes ne veulent pas dire que l'immuniste et « ses hommes échappent pour toutes sortes de procès et de « délits à la justice du comte... Les textes marquent bien « que, dans tout conflit entre un homme du domaine et un « étranger, la juridiction publique subsiste. Dès lors, quels « peuvent être les cas où cette juridiction disparaît?..... Il « nous semble que ce sont les affaires où les deux parties

montrant que, après comme avant l'immunité, le comte jugeait les hommes des grands domaines amenés devant lui au plaid public par leur maître, par le possesseur lui-même ; mais sans qu'il soit dit nulle part qu'il ne dût s'agir dans ce cas que de conflit entre ces hommes et des étrangers. La distinction établie à ce point de vue entre les causes caractérisées ainsi et celles qui n'intéressaient que des hommes seulement du domaine est une simple opinion qui procède évidemment du préjugé préalable que l'immunité implique création de la justice privée. L'opinion en question ne semble d'ailleurs pas correspondre à la réalité du mécanisme judiciaire alors en vigueur.

Dans celui-ci, en effet, se manifeste plutôt, nous l'avons vu, la distinction entre les causes qui, en raison de leur importance, sont réservées aux juges publics et celles qui, pour le motif contraire, sont abandonnées à la compétence du possesseur (§ 12). Le possesseur décidant des petites causes qui, d'ancienneté, relevaient de la juridiction patrimoniale, le juge public, le comte, jugeait avant l'immunité et juge encore après l'immunité les causes plus importantes, dont la connaissance lui appartenait exclusivement. Elle lui appartenait vraisemblablement, on n'a aucune preuve du

« appartiennent également au domaine privilégié ; il ne se « peut agir que des procès issus sur le domaine lui-même « ou des délits qui y ont été commis. » — *Étude sur l'immunité mérovingienne,* 1883, p. 34, 35.

contraire, soit que le fait concernât les hommes seulement de l'immunité, soit qu'il intéressât aussi des étrangers. Ni dans les capitulaires ou les formules, ni dans les diplômes d'immunité, on ne trouve rien qui implique, par suite du privilège, un changement quelconque à cette situation. Les hommes de l'immunité devaient toujours, quand le cas l'exigeait, être amenés au plaid du comte par leur maître, que la cause intéressât ou n'intéressât pas un étranger. Cette distinction n'est formulée nulle part. Il n'importait nullement non plus que ce plaid fût oui ou non interdit au dedans et tenu au dehors du domaine privilégié, en vertu d'une disposition de l'immunité qui après tout ne faisait guère que confirmer à cet égard un usage antérieur de droit commun (§ 12). Il n'y avait rien là qui dût modifier le régime de la juridiction. Comment ne pas le reconnaître?

On hésite à le faire, parce que l'explication généralement admise de l'immunité y est intéressée. Sur la signification et les conséquences du privilège, on a peine évidemment à s'affranchir d'une opinion acceptée, non sans contradictions du reste, depuis longtemps; préjugé invétéré dont nous montrerons les origines et le caractère véritable. On veut que l'immunité ait modifié absolument, supprimé même l'exercice de la juridiction ordinaire. Il n'en est rien cependant. Les conséquences elles-mêmes de la mundeburde royale, associée parfois à l'immunité, n'ont, en raison des réserves signalées plus haut à ce sujet, que très imparfaitement une portée de ce genre (§§ 15 à 18). Elles sont d'ailleurs conformes au droit général de l'époque et ne constituent nullement une nouveauté. Quant à l'immunité proprement dite, elle n'innove pour ainsi dire en rien dans ce qui touche à la juridiction ; comme le prouvent, nous l'avons montré, l'examen des textes et le rapprochement des faits qui concernent l'administration de la justice tant au dehors qu'au dedans de l'immunité, ou en les considérant soit avant, soit après l'institution du privilège (§§ 12, 13).

Telles sont les considérations qui recommandent l'opinion à laquelle nous nous rangeons. Les données n'en sont pas nouvelles ; il nous semble opportun de le faire remarquer. On en trouve effectivement des manifestations plus ou moins décidées, plus ou moins nettes, dans les déclarations de quelques-uns de ceux qui se sont précédemment occupés de la question. Il n'est pas sans intérêt d'en signaler les indices là où ils se rencontrent. Leur recherche dans les travaux de nos devanciers nous permettra de reconnaître en même temps l'origine et les phases de développement de l'opinion que nous combattons. Il peut être utile de voir comment cette opinion s'est formée et d'où elle vient. Nous allons, après l'examen de certains faits qui se rapportent au même sujet, procéder à cette sorte d'enquête par une analyse des écrits consacrés jusqu'aujourd'hui chez

nous à cet objet. Après ce travail de reconnaissance, nous pourrons dégager de nos observations
des vues sur l'histoire et sur le caractère d'une
opinion qui nous semble n'avoir d'autre fondement qu'un préjugé.

## VIII. L'Origine de la Justice privée.

§ 21. — Sur la question de l'origine de la
justice privée et du rôle qu'on y attribue à l'immunité, les études véritablement critiques ne
commencent guère qu'au XVII<sup>e</sup> siècle. Il convient
néanmoins de remonter plus haut et le plus loin
possible, dans la période qui les précède, pour
constater ce qu'on pensait avant ces travaux sur le
sujet qu'ils concernent, et pour signaler les idées
en présence desquelles se trouvent placés leurs
auteurs, au moment où ils abordent la difficulté.

Nous pouvons saisir l'opinion à cet égard dès
le XIII<sup>e</sup> siècle. Elle s'offre alors à nous, dans les
considérants d'un jugement du prévôt de Paris sur
la matière, en 1275. Ce jugement reflète une doctrine qui règne, d'accord avec les préjugés du
temps, jusqu'aux premières tentatives d'analyse
et de discussion historique des textes. Il ne peut
être jusque-là question que du point de vue purement pratique dans la manière de considérer les
choses. Ainsi sont conçues les théories admises
par les jurisconsultes du moyen âge. Nous en trouvons encore l'impression dans les écrits de Loy-

seau qui vivait aux XVIe et XVIIe siècles. Aux
doctrines exposées en praticien par Loyseau suc-
cèdent, à court intervalle, les théories scienti-
fiques de Bignon ; lequel appartient par sa naissance au XVIe siècle, mais déjà au XVIIe par ses
études. On saute ensuite de ces spéculations à
celles de Montesquieu au XVIIIe siècle ; après lesquelles, pendant la dernière partie de ce même
siècle, on rencontre les travaux de Mably, de
Houard, de Gourcy ; puis, au cours du XIXe siècle
et jusqu'à notre temps, ceux de Naudet, de Pardessus, de Lehuërou, de Championnière, de Boutaric et des contemporains enfin avec lesquels la
discussion est ouverte aujourd'hui, M. Fustel de
Coulanges et M. Flach entre autres.

L'examen des ouvrages de ces savants satisfera
à l'objet, que nous nous proposons maintenant, de
voir quelles idées ont été successivement admises
par nos prédécesseurs sur la question qui nous
occupe[1]. Il nous montrera par quelles phases a
passé l'opinion, défendue encore aujourd'hui, que
l'immunité a engendré la justice privée. Auparavant, le jugement de 1275 du prévôt de Paris
nous permettra de remonter jusqu'aux origines
de cette opinion. L'histoire d'un préjugé est un

1. Dans notre travail de 1882, nous avons rendu compte
des idées émises sur le sujet de l'immunité par quelques
auteurs allemands, Waitz et Heusler notamment (*L'Immunité*, 1882, § 8). Le cadre de la présente étude n'est plus le
même, et nous nous bornons à y parler des opinions reçues
par les savants français exclusivement.

des plus sûrs moyens de le combattre, d'en reconnaître le caractère et d'en démontrer l'inanité.

## IX. Les Juristes du XIII<sup>e</sup> siècle.

§ 22. — Nous avons annoncé tout à l'heure (§ 21) qu'en remontant jusqu'au XIII<sup>e</sup> siècle, on trouve dans un jugement de 1275 la plus ancienne manifestation que nous possédions d'une opinion précise sur le rôle attribué à l'immunité dans les origines de la justice privée. Par ce jugement, Renaud Barbou, prévôt de Paris, reconnaît à l'abbé de Saint-Maur le droit de haute, moyenne et basse justice, et décide en conséquence la remise entre ses mains de deux hommes accusés de fabrication et d'émission de fausse monnaie sur les terres de l'abbaye. Le prévôt de Paris se prononce ainsi, sur le vu, dit-il, des chartes de deux rois contenant qu'ils donnaient à l'abbaye tout ce que le fisc pouvait réclamer sur ses domaines[1]. On ne saurait méconnaître dans ces indications la prise en considération de deux chartes d'immu-

---

1. « Visis cartis ecclesie de duobus regibus, in quibus con-
« tinebatur quod quidquid fiscus sperare aut exigere poteret
« de rebus ecclesie, totum dicte ecclesie dabant et concede-
« bant... dictam justitiam dicto abbati reddidit. » La mention de ce jugement, de 1275, est transcrite en ces termes dans un pouillé de l'abbaye de Saint-Maur rédigé vers 1280, qui se trouve aux Archives nationales à Paris (LL 112, fol. 191 v°). Ce curieux document est signalé par M. Boutaric dans un mémoire intitulé : *Le régime féodal*, etc. — *Revue des questions historiques*, 1875, t. XVIII.

nité contenant la clause de concession des droits du fisc, généralement annexée à ces diplômes (§ 8).

Cette présomption est pleinement confirmée par les faits. M. Boutaric, à qui l'on doit la découverte du jugement de 1275 dans un pouillé du XIII<sup>e</sup> siècle de l'abbaye de Saint-Maur, a trouvé outre ce pouillé, dans les layettes des Archives nationales, les deux diplômes en question accordés à l'abbaye de Saint-Maur, l'un par l'empereur Louis le Débonnaire en 816, l'autre, qui n'est que la confirmation du premier, par le roi Charles le Chauve en 844 [2]. Les deux chartes d'immunité, de 816 et 844, contiennent en effet la concession à l'abbaye des droits du fisc, *jus fisci*. L'induction que tire de là le prévôt Renaud Barbou est d'ailleurs tout à fait abusive. Nous savons parfaitement ce que sont les droits du fisc dont il est fait mention dans les chartes d'immunité. Ce sont certains revenus, les produits notamment des *freda* et des *tributa*, abandonnés ainsi au privilégié. Le prévôt de Paris déclare que ces droits sont ceux de la juridiction elle-même. C'est là un préjugé de son temps, nous le montrerons tout à l'heure en disant d'où il vient.

2. Les deux diplômes sont conservés en originaux aux Archives nationales à Paris, cartons des Rois, K 8, n° 3; K 9, n° 9. Ils ont été publiés plusieurs fois, notamment par Dom Bouquet dans le *Recueil des historiens de France*, t. VI, p. 491, et t. VIII, p. 430. Ces documents sont signalés par M. Boutaric dans son travail sur *Le régime féodal*.

Nous retiendrons de l'argumentation de Renaud Barbou cette observation seulement que, pour justifier au XIIIᵉ siècle la possession de la justice seigneuriale, la haute, moyenne et basse justice, il suffisait de produire un diplôme d'immunité rédigé dans les termes usités aux VIIIᵉ et IXᵉ siècles, avec la clause accessoire de la concession des droits du fisc. On considérait donc, chose à noter, le diplôme d'immunité comme impliquant la concession de la justice sur le territoire privilégié et sur ceux qui l'habitaient, non pas, ainsi qu'on l'a fait depuis, à cause de l'interdiction aux juges publics de tenir leurs plaids sur ce territoire — on ne pensait pas alors à tirer de cette interdiction de semblables conséquences et nous savons qu'elle ne les comporte pas (§ 19) — mais à cause de la concession des droits du fisc interprétée d'une manière abusive et comprenant en réalité, avec un caractère purement fiscal, la simple jouissance de certains revenus, de ceux entre autres produits par la perception des *freda* et des *tributa*.

Nous avons fait observer précédemment (§ 14) que ces perceptions fiscales avaient été de bonne heure appelées des justices, *justitiæ;* que cette dénomination leur est restée, et qu'elle a bien pu n'être pas étrangère à l'idée que leur jouissance impliquait la possession de la juridiction. Cette opinion paraît avoir été celle du prévôt de Paris, en 1275. Il attribue, en effet, à l'abbaye de Saint-

Maur, en vertu de son argumentation sur la concession des droits du fisc attachée à l'immunité,
non pas un simple droit fiscal de perception, mais
l'exercice même de la juridiction, puisque l'affaire
qu'il décide en sa faveur concerne la poursuite et
la saisie de deux malfaiteurs prévenus de crimes
commis sur les terres de l'abbaye, ce qui est un
cas de haute justice.

§ 23. — D'où peut venir, à la date de 1275,
une interprétation de l'immunité si éloignée de la
signification originaire du privilège? On peut, suivant l'observation que nous venons de faire, expliquer cette singularité par une confusion d'idées
résultant assez naturellement de la qualification de
justices, *justitiæ*, donnée depuis longtemps aux
perceptions fiscales des fruits de la justice et même
des produits de l'impôt. Elle peut venir aussi,
pour une part au moins croyons-nous, de certaines opinions qui avaient cours à cette époque
sur la portée du privilège d'immunité, d'accord
avec les développements plus ou moins abusifs
graduellement pris depuis trois ou quatre siècles
par le régime qu'avait enfanté le privilège.

Nous avons consacré à l'explication de cette
évolution une partie de notre travail de 1882[1].
Nous y avons fait ressortir l'importance acquise,
dans ce mouvement d'expansion, par les dévelop-

---

1. *L'Immunité*, 1882, §§ 18 à 27 : Développements ultérieurs
de l'immunité.

pements tout particulièrement donnés à la concession originaire des droits du fisc, *jus fisci*[2]; et nous avons montré qu'on avait fini par attribuer à cette locution, dont la signification était d'abord assez étroite et limitée à la perception de certains revenus, à celle entre autres des *freda* et des *tributa*, un sens de plus en plus large; qu'on en était venu enfin à la considérer comme équivalant à celle de *regalia jura*. La justice pouvait être réputée un de ces droits du souverain. On voit sur quel fond de doctrine reposait l'appréciation faite, en 1275, par le prévôt de Paris, de la concession du *jus fisci*. Il y avait un siècle et plus peut-être qu'à la chancellerie même du roi, d'après un diplôme de 1165, *jus fisci* était considéré comme synonyme de *regalia jura*[3]. Les conclusions du prévôt de Paris n'ont rien qui doive nous surprendre.

Elles nous montrent comment, en réalité, l'immunité a pu contribuer à l'établissement des justices privées. Ce n'est nullement, nous l'avons déjà dit ailleurs[4], en vertu de ses dispositions propres, ni dans l'esprit de son institution origi-

---

2. *Idem*, §§ 20 à 25.

3. Cette interprétation, due aux empiétements abusifs des privilégiés, s'était accréditée graduellement à ce point qu'elle était acceptée par le souverain même dont elle sapait l'autorité. On trouve dans le diplôme de 1165 donné par le roi Louis VII à l'église de Narbonne : « Quidquid *jus fisci*... « exigere poterat, hoc est omnia *regalia jura*... concedimus, « etc. » — *Gallia christiana*, t. VI, Instrum., p. 44.

4. *L'Immunité*, 1882, §§ 18 à 27.

naire. C'est en conséquence des développements ultérieurs du régime enfanté par elle, et en raison de la portée graduellement et abusivement attribuée à ses données premières. Ces remarques suffisent pour expliquer comment l'immunité, tout en n'étant peut-être pas étrangère aux développements de la justice privée, l'est au moins à son origine.

Nous avons insisté sur les observations que provoque l'interprétation erronée donnée au XIIIe siècle à la concession des droits du fisc qui accompagne souvent celle de l'immunité. On n'avait pas hésité à déduire de cette concession celle de la juridiction. Nous avons dit comment. L'erreur était favorisée par cette particularité que la juridiction était en même temps de la part des souverains l'objet d'aliénations formelles, dont on a des exemples de plus en plus nombreux, à partir du Xe siècle [5].

L'aliénation de la juridiction n'était donc pas un fait anormal. Elle était moins fréquente cependant que la concession de l'immunité, avec laquelle on en vient à la confondre. Bien des intérêts concouraient à produire et accréditer cette confusion consacrée par une doctrine dont on saisit certains éléments, dès la fin du XIIe siècle, dans le diplôme royal de 1165, et qui arrive à constituer en

5. Nous en avons cité plusieurs sous les dates de 974, v. 1108, 1124, 1131, 1142, v. 1145, 1187, 1230. — *L'Immunité*, 1882, § 8.

quelque sorte un axiome de droit au XIIIe, comme
le montre le jugement de 1275 du prévôt de
Paris. L'idée de la concession de juridiction reste
ainsi attachée comme conséquence à la concession
de l'immunité. Cette opinion délaissée ensuite par
les juristes, nous le dirons tout à l'heure, reparaît
un peu plus tard et s'impose comme un fait
acquis en quelque sorte aux historiens, le jour où
à leur tour ils abordent enfin ces questions. Elle
se produit alors avec une appréciation nouvelle
des documents. C'est bien toujours l'immunité qui
est dit-on la source de la justice privée, mais ce
n'est plus en vertu de la clause de concession des
droits du fisc. Cette conséquence est attribuée à
une autre clause du privilège, comme nous le dirons
bientôt : théorie nouvelle qui ne fait pas oublier
cependant tout à fait la vieille doctrine du
XIIIe siècle. Effacée pour un temps, celle-ci renaît
à un certain moment; ses conclusions sont encore
acceptées par quelques-uns aujourd'hui (§ 14).

## X. LOYSEAU.

§ 24. — Avant d'arriver à l'examen des travaux d'érudition inaugurés par Bignon, il convient
de nous arrêter un moment à l'œuvre d'un homme
dont les théories nous montrent où en était l'opinion sur la question de la justice privée, lorsque
la critique historique commence sur ce sujet son
œuvre de discussion.

Loyseau, qui a vécu jusqu'en 1627, nous offre dans ses écrits le dernier mot des juristes du xvi<sup>e</sup> siècle sur les matières seigneuriales. Il ne se lance pas dans les considérations historiques et dans l'analyse des textes, comme le feront bientôt ceux qui vont le suivre. Il est avant tout jurisconsulte, vise aux résultats pratiques et ne se refuse pas aux conceptions systématiques. Dans son *Traité des seigneuries*, il s'explique amplement sur la justice, sur celle des seigneurs soit laïques soit ecclésiastiques naturellement, mais il s'occupe fort peu des origines, lesquelles nous intéressent ici surtout. Son système n'est du reste qu'une pure conception. La seigneurie, suivant lui, remonterait à la conquête du territoire par les Francs, et elle comprendrait deux parties, le fief et la justice, unis dès l'origine, mais avec des caractères différents. Le fief serait la terre donnée au guerrier après la conquête. Quant à la justice sur ce domaine, ce serait simplement un office conféré en même temps au fiévé par le roi, et plus tard seulement retenu et conservé abusivement à titre de propriété par le détenteur.

La justice associée ainsi au fief dans la seigneurie, la justice seigneuriale, ajoute Loyseau, est la haute justice emportant la jouissance des droits du fisc, savoir la dévolution suivant lui des biens tombés en déshérence, ainsi que des biens vacants, et avant tout la possession des fruits judiciaires, c'est-à-dire des confiscations et des amendes appli-

quées — indépendamment des peines corporelles,
jusqu'à la peine de mort même — avec le bénéfice de ce principe qu'en France, comme il le dit,
les peines sont arbitraires. La jouissance des droits
du fisc n'est plus ici une cause, comme dans la
doctrine admise au XIII⁹ siècle par le prévôt de
Paris ; c'est une conséquence. Ce n'est pas cette
jouissance qui engendre la juridiction ; mais elle
en résulte, et celle-ci se rattache originairement
à d'autres principes.

Ajoutons que, suivant Loyseau, la justice ne
peut guère venir aux églises que d'usurpation,
sauf, en certains cas dit-il, par suite d'acquisition
de la puissance temporelle.

Il n'y a dans une semblable théorie aucune place
pour l'immunité, au point de vue du rôle qu'on lui
avait antérieurement assigné, et qui lui est nous le
verrons ultérieurement rendu, dans l'origine de
la justice privée. Aussi n'est-il guère question de
l'immunité dans le *Traité des seigneuries* de Loyseau. Il paraît même ignorer, ou il oublie au moins,
qu'autrefois on justifiait par l'allégation de ce privilège la possession du droit de justice. Des contestations se produisant pour cet objet, on devait,
suivant lui, juger le différend d'après l'état de
possession. Il n'est donc plus question, comme
au XIII⁹ siècle en pareil cas, de titres contenant
avec la concession de l'immunité celle des droits
du fisc et impliquant, en conséquence — ainsi
l'avait-on cru précédemment — la concession de

la juridiction. Il n'est pas davantage question de diplômes portant concession formelle de celle-ci. Nous savons cependant qu'il existait des chartes ayant pour objet cette concession directe de la juridiction[1].

Tels sont les traits essentiels du système de Loyseau, touchant l'origine de la justice privée. L'auteur ne contredit pas les données que nous avons tirées de l'examen des textes (§§ 12, 13, 19), puisqu'il ne rattache pas cette origine à l'immunité; mais il s'éloigne notablement et fort arbitrairement de la réalité, dans la conception où il associe l'institution en quelque sorte de la justice privée à celle du fief, pour les faire commencer ensemble à la conquête des Francs.

§ 25. — Nous venons de voir ce que les juristes avaient fait des questions d'origine touchant la justice privée. Leur conception se réduit à cet égard, en théorie, à l'idée d'une usurpation dans le passé, et en pratique, pour le présent, à l'appréciation d'un état de possession couvert par la prescription. Cette conception était associée à une opinion que nous avons signalée dans le traité de Loyseau et dont nous retrouverons encore les traces dans le livre de Montesquieu; celle de certaines attaches qui relieraient originairement l'un à l'autre le fief et la justice.

1. *L'Immunité*, 1882, § 8.

Les juristes avaient abandonné l'idée que la justice privée procédât de l'immunité. Ce privilège dès longtemps tombé en désuétude était laissé par eux dans l'ombre. Il ne devait en sortir que pour répondre à la curiosité et aux investigations des historiens. Au point où s'étaient arrêtés les derniers praticiens qui s'en étaient occupés, l'immunité était une concession de juridiction résultant de la donation des droits du fisc. C'est avec ce caractère, admis d'ancienneté, qu'elle s'offre aux observations et aux études des critiques, à l'ouverture du XVII$^e$ siècle. L'évidence les obligeant, au cours de ces études, à renoncer à cette opinion particulière que ce serait la clause relative à la concession du *jus fisci* qui aurait originairement produit ce résultat, ils tentent de le rattacher à une autre clause qui intéresse spécialement l'exercice de la juridiction et qui semble, à première vue, se prêter à cette interprétation. La clause nouvelle qu'ils invoquent ainsi est celle qui contient l'interdiction *nec ad causas audiendas*, par laquelle il est défendu au juge public de tenir ses plaids dans le domaine privilégié. Ils tâchent de sauvegarder autant que possible dans ces nouvelles conditions la vieille doctrine, remise en crédit, que l'immunité est la source de la justice privée. Les subtilités et les artifices d'une savante argumentation sont appliqués à la défense de cette thèse préconçue et préalablement admise en principe. C'est ce que nous verrons dans l'examen de certains écrits consacrés après Loyseau à la question. Les premiers qui se présentent à nous sont ceux de Bignon.

## XI. BIGNON.

§ 26. — Loyseau vivait encore quand Jérôme Bignon, savant précoce, publie en 1613, à l'âge de vingt-deux ans, le célèbre recueil des formules de Marculfe avec l'important commentaire qu'il y a joint[1]. A propos de la formule *De emunitate regiâ*, la troisième du livre Ier, Bignon s'explique sur le caractère de l'immunité, en donnant pour fondement à son argumentation, avec cette formule et plusieurs autres du même genre, certains diplômes de concession du privilège et quelques autres documents.

Pour ce qui est des inductions tirées jadis de la teneur du privilège, les juristes avaient abandonné dans les derniers temps, nous l'avons dit (§ 25), la théorie en vertu de laquelle on alléguait au XIIIe siècle que la concession des droits du fisc, qui accompagnait ordinairement l'immunité, impliquait celle du droit de justice privée. Loyseau n'en avait rien dit. Bignon n'en parle pas davantage ; dans ses notes sur la formule de l'immunité, il ne s'arrête pas à la concession du *jus fisci* que contient cette formule. Il ne pouvait ignorer cependant la signification précédemment donnée à cette

---

1. *Marculfi monachi formulae*, 1613. — Reproduit dans Baluze, *Capitularia*, 1780, t. II.

concession. Il ne la combat pas néanmoins, mais ne l'adoptant pas il se borne à la passer sous silence ; car il ne la signale nullement, tout en citant, sans y faire aucune allusion, une charte qui mentionne le *jus fisci* (§ 27) ; et il propose une opinion nouvelle sur la manière de faire sortir de l'immunité la justice privée. La concession des droits du fisc n'appartenait d'ailleurs pas, à proprement parler, comme clause constitutive, au privilège d'immunité ; elle ne lui était même pas toujours annexée, nous l'avons fait remarquer (§ 8, note 2).

Bignon emprunte au corps même du privilège ses arguments, et c'est en vertu de la clause interdisant aux juges publics l'entrée du domaine privilégié, pour y accomplir notamment les actes de justice, qu'il lui semble possible de faire de la concession de l'immunité celle de la juridiction ; mais au profit des domaines ecclésiastiques seulement : « Vides hanc terrarum ecclesiasticarum « immunitatem præcipuè ad jurisdictionem et « justitiam pertinere, ut scilicet eorum subditi et « coloni à nullo judice distringi possint... Quo « fit ut eo nomine in subditos jurisdictio eis « concessa videatur[2]. »

_______

2. Baluze, *Capitularia*, t. II, col. 879. A prendre au pied de la lettre la déclaration de Bignon « quo fit ut... juris- « dictio eis concessa videatur, » on pourrait la croire purement dubitative et penser que, suivant lui, il résultait du privilège, non pas que la juridiction en fût, mais seulement

Ce texte mentionne exclusivement l'immunité ecclésiastique. Bignon, en effet, limite aux Églises les conséquences qu'il tire de la concession du privilège, touchant la jouissance de la juridiction ; en contradiction sur ce point, remarquons-le en passant, avec Loyseau, qui regardait comme n'ayant jamais été qu'exceptionnellement le résultat d'une concession et comme étant particulièrement entachée d'usurpation, la possession de la juridiction temporelle par les ecclésiastiques (§ 24). Tel n'était pas l'avis de Bignon qui attribuait au contraire exclusivement aux Églises la jouissance légitime de la juridiction fondée sur le privilège de l'immunité.

§ 27. — Bignon prétendait trouver la concession de la juridiction, non plus avons-nous dit (§ 26), comme on l'avait voulu jadis, dans la concession des droits du fisc, mais dans la clause du privilège d'immunité qui interdisait aux juges et officiers publics d'entrer dans le domaine privilégié pour y tenir leurs plaids, pour y lever les produits de la justice, *freda*, et pour y saisir des cautions, *fidejussores*.

Touchant les deux premières interdictions

qu'elle semblât en être la conséquence. Il y a lieu de remarquer cependant que, dans les diplômes dont la lecture était familière à Bignon, l'expression fréquemment employée *esse videtur* a ordinairement un sens absolument affirmatif. Il en est probablement de même dans l'usage qu'il fait lui-même ici de cette locution.

signalées ainsi par l'auteur, « ut nullus judex
« publicus ad causas audiendas, aut freda exi-
« genda... præsumat ingredi, sed hoc... pon-
« tifex vel successores... valeant dominare, » il
dit qu'elles impliquent la concession de la juridiction au possesseur du domaine : « quo fit ut...
« jurisdictio eis concessa videatur. » Mais, pour
justifier cette appréciation, il invoque assez singu-
lièrement, sans en donner toutefois le texte, une
charte de 1060, où le roi Henri I<sup>er</sup>, au lieu de
parler de ces interdictions, sauf celle de lever
aucune *redhibitio*, accorde simplement à l'abbaye
de Saint-Martin-des-Champs l'exemption du paye-
ment des droits du fisc, *thelonea, freda, justitiæ
et quæcunque jus exigit fisci*[1]. Dans ces termes,
la charte de 1060 ne correspond pas même à l'opinion, abandonnée alors, que la possession des
droits du fisc impliquait celle de la juridiction,
comme on le prétendait au XIII<sup>e</sup> siècle (§ 22) ; elle
est encore moins d'accord avec la théorie de
Bignon qui fait sortir des clauses d'interdiction
formulées dans le privilège d'immunité la concession ou au moins la jouissance de la juridiction.
Ces considérations ôtent toute valeur à ce diplôme
pour l'argumentation de Bignon.

Sans insister autrement sur ces observations,

---

1. Cette charte, publiée par Marrier dans son histoire de
l'abbaye de Saint-Martin-des-Champs, 1636, est reproduite,
d'après lui, par Dom Bouquet, *Recueil des historiens*, etc.,
t. XI, p. 605.

nous en ferons une autre qui suffirait pour infirmer les déductions tirées par Bignon des deux interdictions que nous venons de signaler; c'est que ces interdictions, quoique fréquentes dans les diplômes d'immunité, y font cependant quelquefois défaut[2], et qu'on ne saurait par conséquent en déduire, comme prétend le faire Bignon, un caractère général du privilège.

Pour ce qui est de la troisième interdiction prise en considération par Bignon à l'appui de sa thèse, celle qui défend aux juges publics d'entrer dans le domaine privilégié pour y saisir des cautions ou garants, *fidejussores tollere*, il donne à entendre qu'il s'agit en cela de l'obligation où étaient les prévenus, soit de se rendre immédiatement au plaid du juge public sur son mandement, soit après condamnation de s'exécuter sur l'heure, à moins que, dans l'un ou l'autre cas, ils n'obtinssent répit, *si velint dimitti* dit l'auteur, en donnant des garants, *fidejussores*, qui engageassent pour eux leur responsabilité. Sans qu'on saisisse bien nettement comment, suivant Bignon, l'admission de cette pratique pouvait être favorable, ou son interdiction, contraire à l'exercice de la juridiction par les juges publics dans le domaine privilégié — car ce n'est pas au moyen

---

2. Sur les 196 titres d'immunité relevés dans les preuves du *Gallia christiana* de 496 à 1473, 81 seulement contiennent l'interdiction « nec ad causas audiendas, » et 78 celle « nec « ad freda exigenda. » — *L'Immunité,* 1882, §§ 8 et 9.

de garants, *fidéjussores*, qu'on était ordinairement contraint de comparaître au *mallum* (§§ 5, note 2, et 12, note 1) — il suffit de constater, pour apprécier la valeur de son argumentation sur ce point, que les garants ou cautions, *fidejussores*, qu'il a en vue d'après le commentaire donné par lui du texte en question, sont ceux qui, à la prière d'un homme ou prévenu ou condamné et demandant répit, consentaient à s'engager pour lui d'une manière toute volontaire ; tandis qu'il s'agit suivant les termes du privilège d'immunité non des garants qui répondaient volontairement, mais de ceux qui étaient saisis et levés malgré eux pour cet objet par les juges publics, dans certains cas bien connus [3]. Cette méprise ruine l'argumentation de Bignon sur ce point.

L'interdiction relative à la levée des *fidejussores* ne se trouve d'ailleurs pas plus que les deux autres dans tous les diplômes d'immunité [4] et ne pourrait, pas plus qu'elles, être l'indice d'un caractère général du privilège.

§ 28. — Outre ce qui résulte de l'argumentation dont nous venons de rendre compte, sur les clauses d'interdiction du privilège qui concernent la tenue des plaids, la levée des *freda* et la saisie

---

3. *L'Immunité*, 1882, § 11.

4. Sur les 196 titres d'immunité relevés dans les preuves du *Gallia christiana* de 496 à 1473, 71 seulement contiennent l'interdiction *nec fidejussores tollendos*. — *L'Immunité*, 1882, § 11.

des garants, *fidejussores*, Bignon, qui tire de là
comme conséquence l'institution de la justice privée, se demande ce qu'étaient les magistrats chargés d'exercer cette juridiction particulière. Ce ne
pouvaient être, pense-t-il, que des juges d'Église;
d'accord en cela avec le caractère ecclésiastique
de la plupart des titres d'immunité qu'on possède
et avec sa propre conception que la justice privée,
qui découlait de ce privilège, appartenait exclusivement aux Églises (§ 26). Ainsi, à propos des agents
particuliers que l'éloignement des juges publics
laissait plus ou moins libres d'agir dans l'intérieur
des domaines privilégiés, Bignon prétend qu'il ne
saurait être question en ce cas que de juges ecclésiastiques et non de juges indistinctement laïques
ou ecclésiastiques, qu'on pût qualifier d'une
manière générale juges privés, *judices privati*.

Cette opinion de Bignon vient d'une interprétation inexacte, ce nous semble, d'un texte cité par
lui à cette occasion. Ce texte concerne une décision adoptée par un synode de 755[1], confirmée
à Metz en 756[2] et introduite avec quelques modifications dans le recueil d'Ansegise[3]. Il y est dit :
« Ut omnes faciant justitiam tàm publici quàm
« ecclesiastici. » La locution *justitiam facere* a
quelquefois le sens *judicare*, mais quelquefois

---

1. *Synodi Vernensis capitula*, 755, c. 29. — Baluze, *Capitul.*,
t. I, p. 167.

2. *Capitulare Metense*, 756, c. 9. — *Ibid.*, t. I, p. 177.

3. *Ansegisi capitularium* l. V, c. 16. — *Ibid.*, t. I, p. 828.

aussi — et c'est ici croyons-nous le cas — le sens
*judicatum facere*, comme nous l'avons montré précédemment (§ 14); ce qui fait des *publici* et des
*ecclesiastici* mis en présence dans le texte en question, non pas des juges, mais des jugés, des justiciables, comme dans un autre texte appartenant
à l'édit de 615 du roi Clotaire II et ainsi conçu :
« Quod si causa inter personam publicam et homi-
« nes Ecclesiæ steterit, pariter ab utraque parte
« præpositi Ecclesiarum et judex publicus in
« audientia publica positi ea debeant judicare[4]. »
Dans ce dernier texte, les locutions *persona publica*
et *homines Ecclesiæ* désignent évidemment des
justiciables et non des juges; ce qui autorise,
croyons-nous, la même interprétation pour les
termes correspondants *publici* et *ecclesiastici* du
texte cité par Bignon.

§ 29. — Indépendamment de sa conception évidemment erronée touchant le caractère purement
ecclésiastique des juges privés de l'immunité,
Bignon présente sur ce qu'il considère comme leur
rôle judiciaire et sur la preuve qu'il en déduit de la
réalité de leur existence, liée suivant lui à celle de
la justice privée, des considérations qu'il prétend
justifier à l'aide de textes appartenant, les uns
aux capitulaires des viie, viiie et ixe siècles, les
autres à des documents du même temps, ou même

---

4. *Edictum Chlotharii II regis in concilio Parisiensi V
datum,* 615, c. 5. — Baluze, *Capitul.,* t. I, p. 21.

de date postérieure. Ces documents lui semblent, comme ceux que nous venons d'expliquer et parfois sans plus de raison, mentionner des juges particuliers chargés d'exercer la justice privée, enfantée suivant lui par l'immunité. Nous avons dit précédemment que la présence, fût-elle constatée, de juges privés à cette époque ne saurait avoir la portée qu'on lui attribue en faveur de l'opinion que la justice privée vient de l'immunité, parce que l'existence de pareils juges est indépendante de celle du privilège et antérieure à son institution (§ 13). Nous avons montré d'ailleurs que bien souvent, comme dans le cas cité tout à l'heure, on s'abuse dans l'appréciation qu'on fait du rôle de ces agents, en croyant voir un jugement rendu là où il n'est en réalité question que d'un jugement ou sollicité ou subi, dans la condition de justiciable qui est tout l'opposé de celle de juge (§ 14).

Les textes des capitulaires sont au premier rang de ceux dont on discute, comme Bignon en donne l'exemple, les données pour rattacher la justice privée à l'immunité. On y joint encore, ainsi qu'il le fait également, des titres contemporains de ces documents, auxquels, sans raison suffisante du reste, on en mêle d'autres d'époques postérieures — il le fait aussi — ayant avec les précédents quelque analogie. Bignon entrant dans cette voie l'indique à ses successeurs qui l'y suivent. On invoque surtout dans ces débats les formules et les diplômes d'immunité. Quelques auteurs cependant, comme Houard (§ 38), Pardessus à un certain moment (§ 48), Lehuérou (§ 52), et M. F. de Coulanges lui-même (§ 61), sont d'accord pour convenir, malgré la diversité de leurs conclusions, que ces textes ne parlent pas formellement de la concession de la justice privée.

§ 30. — Bignon, qui soutient l'opinion contraire, est le premier qui, rattachant les origines de la justice privée à l'immunité, la fait dériver non plus comme on l'avait fait précédemment de la concession des droits du fisc, généralement annexée au privilège, mais des clauses constitutives de celui-ci, des interdictions qu'il oppose à l'action des juges publics, de celle entre autres de tenir leurs plaids dans le domaine privilégié : particularité à laquelle surtout s'attacheront plus tard, en vue des mêmes conclusions, ceux qui suivront Bignon dans la voie ouverte ainsi par lui.

Rappelons en même temps que Bignon limite aux Églises seules la jouissance de la justice privée instituée ainsi (§ 28) ; réserve qui après lui sera encore adoptée par quelques-uns, rejetée cependant par d'autres et notamment par ceux qui défendent aujourd'hui la thèse que la justice privée a été engendrée par l'immunité, mais pour tous également, pour les laïques aussi bien que pour les ecclésiastiques.

Bignon ne fait aucune allusion à une juridiction quelconque de caractère privé qui, suivant certaines appréciations, se rattacherait comme un

attribut naturel à la propriété, ainsi que le donne
à penser Montesquieu au siècle suivant (§ 31).

## XII. MONTESQUIEU.

§ 31. — Montesquieu est le premier qui, après
Bignon, offre à notre examen une théorie nouvelle sur les origines de la justice privée, la justice
des seigneurs, il l'appelle ainsi, et sur l'immunité.
Avec Loyseau, il regarde la justice privée exercée
par les laïques comme une fonction ou prérogative
attachée au fief, ajoutant pour son compte qu'elle
est en quelque sorte un droit propre de celui-ci.
Entre les mains des ecclésiastiques, il y voit une
espèce d'attribut de la propriété [1], mis en vigueur
au moyen de l'immunité, dont la concession est,
suivant lui, le mode employé pour assurer ainsi
aux terres tenues par les Églises la condition
qu'elles auraient eue à cet égard en devenant des
fiefs. Le droit de justice serait donc originairement, autant qu'il semble suivant Montesquieu,
un attribut inhérent à la propriété. Il resterait

[1] Montesquieu n'expose pas avec une parfaite précision
ses idées à ce sujet, et l'on ne voit pas bien si cet attribut
qu'il reconnaît aux domaines des Églises était, suivant lui,
l'attribut de toute propriété ou celui des terres venant du fisc
seulement. Il dit, en effet, que ce privilège suivait la terre
du fisc donnée à une Église ; mais il a dit aussi deux lignes
plus haut que les biens des ecclésiastiques, c'est-à-dire les
domaines des Églises, avaient ce privilège. Or, les domaines
des Églises se composaient de donations ou acquisitions
diverses dont les terres venant du fisc n'étaient qu'une partie.

naturellement attaché à celle-ci dans le fief, lequel remonte, dit-il, à la conquête ; et il la suivrait, grâce à l'immunité, dans le domaine ecclésiastique constitué ultérieurement. Comment Montesquieu est-il amené à cette conception, où il rapproche, sans les concilier cependant sur certains points essentiels, des opinions qui représentent plus ou moins complètement celles de ses devanciers, Loyseau et Bignon? C'est ce que nous allons dire.

Dans son grand ouvrage, *L'esprit des lois*, publié en 1748, Montesquieu, au cours de son travail, arrive à la justice privée, la justice seigneuriale, ainsi s'exprime-t-il, par des considérations sur la *compositio* et le *fredum* des lois barbares : la *compositio* due comme indemnité par le coupable à celui qu'il a offensé ; le *fredum* dû, par le coupable également, au détenteur de l'autorité, comme prix, suivant l'auteur, de la protection dont le souverain le couvre en conséquence, et qui lui rend la paix, la sécurité, après le forfait qui les lui a fait perdre. Le droit de faire payer la *compositio* et le *fredum* et d'en tirer les fruits, c'est là ce qui constituait la justice, dit Montesquieu, les justices, *justitiæ*, dit-il aussi, et ce droit passait naturellement, croit-il, avec le territoire, des mains du souverain dans celles du détenteur du fief. « La justice, ajoute-t-il, était donc un droit « inhérent au fief même, un droit lucratif qui en « faisait partie. » Quant aux terres données aux

Églises, elles étaient douées des prérogatives qu'elles auraient eues si elles avaient été données en fief à un laïque : « Ce droit était dans la nature « de la chose donnée ; le bien des ecclésiastiques « avait ce privilège parce qu'on ne le lui ôtait pas. »

Tout cela est prouvé, dit l'auteur, « par les « formules qui portent la confirmation ou la trans-« lation à perpétuité d'un fief en faveur d'un « leude..... ou des privilèges des fiefs en faveur « des Églises. » Les formules que Montesquieu signale ainsi ne sont autres que les formules d'immunité, qu'il vise à cette occasion[2], et les diplômes par conséquent d'immunité dressés suivant les termes de ces formules, qu'il indique positivement en renvoyant, pour leur examen, au tome V du *Recueil des historiens des Gaules et de la France*, où Dom Bouquet en donne en effet un certain nombre.

Les juges publics étant, suivant ces actes, exclus des domaines qu'ils concernent, les fonctions de ces officiers passent nécessairement, dit Montesquieu, aux maîtres de ces domaines. C'est ainsi qu'il résout la question de l'origine de la

2. Les quatre formules de Marculfe citées pour cet objet par Montesquieu sont celles qui portent les n⁰ˢ 2, 3, 4, 17 du livre I ; les trois premières pour la concession ou la confirmation de l'immunité à une Église, la quatrième pour une confirmation du même genre à un laïque, détenteur d'une *villa* provenant du fisc royal ; ce qui donne à cet acte, aux yeux de Montesquieu, le caractère d'une constitution ou plutôt d'une confirmation de fief.

justice privée, organisée par l'immunité dans les seigneuries aussi bien laïques qu'ecclésiastiques, en vertu de droits antérieurs inhérents à la propriété, semble-t-il croire. Il n'y a d'ailleurs, fait-il observer, dans le privilège constitué ainsi aucune trace d'usurpation comme l'avait prétendu Loyseau. Quant au principe et aux origines lointaines de l'institution, dit-il encore, c'est dans les coutumes et usages des Germains qu'il faut les chercher. Mably combat un peu plus tard cette dernière opinion.

Montesquieu, il y a lieu de le faire observer, admet évidemment, sans le dire formellement cependant, que la perception fiscale, la jouissance des justices, *justitiæ*, constitue en quelque sorte la justice, droit de juridiction uni au fief et attribué ensuite aux églises en vertu des interdictions de l'immunité, qui le font passer des juges publics aux possesseurs ecclésiastiques et à leurs agents. On voit comment, sans répudier absolument la vieille doctrine en crédit au XIIIe siècle (§§ 22, 23), Montesquieu se range à l'opinion que la justice privée est engendrée, au profit des Églises au moins, par les interdictions de l'immunité, tout en la regardant d'ailleurs comme un droit naturel du fief. Nous n'avons pas besoin de faire remarquer ce qu'il y a d'arbitraire et, jusqu'à un certain point, d'incohérent dans ce système.

Telle est la théorie de Montesquieu sur les origines de la justice privée et sur le rôle que peut y

jouer le privilège de l'immunité. Les deux traits
essentiels de son système sont l'étroite liaison de la
justice et du fief, qu'il emprunte à Loyseau sans
en donner plus de preuve que ne l'a fait Loyseau
lui-même, et la distinction entre l'immunité laïque
et l'immunité ecclésiastique, dont l'idée paraît lui
venir de Bignon, qui ne traite que de la seconde.
Cette théorie n'est d'ailleurs pour une bonne
part qu'une pure conception, malgré l'appareil
de preuves que l'auteur produit pour la confirmer, d'après les formules, les diplômes d'immunité et les textes empruntés aux capitulaires.

§ 32. — Pour ce qui est des formules et
diplômes, Montesquieu ne s'arrête pas à faire une
étude détaillée de ces documents. Il se contente
d'expliquer sommairement, d'après Bignon ce
semble, mais sans le citer cependant, les trois
points de la clause d'interdiction du privilège qui
concernent les *causæ*, les *freda*, les *fidejussores*,
savoir l'interdiction aux juges publics de tenir leurs
plaids dans le domaine couvert par l'immunité,
d'y lever les *freda* et d'y saisir des garants ou
cautions, *fidejussores*.

Sur ces trois points, Montesquieu admet purement et simplement la substitution du possesseur
aux juges publics, aux juges royaux, dit-il, dans
l'exercice des fonctions qui, à cet égard, incom-
baient à ces derniers avant l'interdiction qui leur
ferme l'accès du domaine privilégié.

Pour ce qui est de la tenue des plaids, on voit, à la manière dont le rôle des cautions, *fidejussores*, est interprété par Montesquieu, que le jugement au plaid, l'exercice de la juridiction, est par excellence à ses yeux la justice même, bien qu'il ait déclaré en commençant que ce sont les perceptions des *compositiones* et des *freda* ou justices, *justitiæ*, qui ont ce caractère. Touchant les *freda*, à propos de l'interdiction de les lever opposée par l'immunité aux juges publics, Montesquieu dit que leur paiement par le coupable au détenteur de l'autorité, au souverain, était le prix de la paix assurée ultérieurement à celui qui l'avait violée par son forfait ; et il cite en même temps, sans expliquer l'apparente contradiction qui résulte de ce rapprochement, l'article 89 de la loi des Ripuaires dont nous avons parlé précédemment (§§ 9 à 11), qui prescrit de faire payer le *fredum* non par le coupable, mais par la victime[1].

Quant aux cautions, *fidejussores ;* à propos de l'interdiction aux juges publics de les saisir, Montesquieu dit que défense leur étant faite ainsi « d'obliger les parties de donner des cautions pour

---

1. Montesquieu comprend bien le sens littéral de ce texte de la loi des Ripuaires, mais il n'en explique pas les singulières dispositions. « La loi des Ripuaires, dit-il, défendait « (au juge territorial) d'exiger lui-même le *fredum ;* elle vou- « lait que la partie qui avait obtenu gain de cause le reçût et « le portât au fisc pour que la paix, dit la loi, fût éternelle « entre les Ripuaires. » (*L'esprit des lois*, l. XXX, c. 20.) Nous avons expliqué ci-dessus cet article (§§ 9, 10).

« comparaître devant eux, c'était dès lors à celui
« qui recevait le territoire à les exiger. » Cette
appréciation du *nec fidejussores tollere* diffère peu
de celle qu'en fait Bignon. Elle vise comme elle les
garants volontaires et non les garants contraints
et forcés, pris d'autorité, dont il est en réalité
question dans le texte du privilège, comme le
prouvent et l'expression *tollere*, et les exemples
que l'histoire fournit de ces abus[2]. Reparaissant
dans l'œuvre de Montesquieu, cette opinion déjà
produite par Bignon (§ 27) trahit, avec quelques
autres particularités, la source à laquelle Montesquieu a pu prendre pour une part au moins les
vues qu'il expose sur le privilège de l'immunité.

L'auteur joint à ce qu'il dit des trois points de
la clause d'interdiction du privilège étudiés par
Bignon, une brève explication qui lui appartient,
touchant la défense aux juges publics d'exiger le
gîte, *mansiones facere*, dans le territoire de l'immunité : prohibition où il ne voit qu'une simple
conséquence des autres interdictions ; le juge
public qui n'avait plus aucune fonction, dit-il,
dans le domaine n'ayant plus, suivant lui, besoin
d'y « demander de logement. »

§ 33. — Après ce qu'il juge à propos de relever dans les formules et les diplômes d'immunité,
Montesquieu emprunte quelques textes aux capitulaires et à certaines chartes touchant les juges

_______

2. *L'Immunité*, 1882, § 11.

privés surtout. Les considérations sur le rôle des juges privés, agents des grands possesseurs, n'importent pas autant qu'on pourrait le croire à la discussion des origines de la justice privée, touchant notamment la part qui peut y revenir à l'immunité. L'argumentation fondée sur ces considérations, inaugurée par Bignon dès le XVII<sup>e</sup> siècle, et très usitée encore aujourd'hui, déplace au contraire beaucoup plus qu'il ne semblerait à première vue la question. En effet, les conclusions auxquelles on est ainsi conduit peuvent bien démontrer l'existence d'agents particuliers susceptibles d'être qualifiés juges privés, à une époque relativement ancienne; mais elles ne sauraient prouver que l'institution de ceux-ci et celle de la justice privée résultassent de la concession de l'immunité, parce que le rôle de ces agents des grands possesseurs, fût-ce dans l'exercice d'une sorte de juridiction, est indépendant de l'immunité et lui est même vraisemblablement antérieur. Nous avons déjà fait précédemment cette observation (§ 13).

Montesquieu entre plus avant que Bignon dans les considérations relatives à l'existence et au rôle des *judices privati*, pour en tirer des preuves à l'appui de sa théorie sur l'origine de la justice privée, soit laïque, soit ecclésiastique. Il signale d'abord la mention des domaines particuliers pour lesquels ces juges privés ont pu être institués et croit la reconnaître dans des textes dont les termes n'indiquent d'ailleurs nullement l'exercice par ceux-ci de la juridiction. Il cite ainsi les *fidelium termini* présentés comme distincts du territoire de la *centena*, dans l'édit de Childebert donné vers 595, et la *trustis* mentionnée d'une manière analogue dans un édit de Clotaire II de la même époque à peu près[1] ; les *potentis alicujus potestas aut proprietas* et les *aliorum potestates* que mentionnent, après les immunités et les terres du fisc, les capitulaires de Charles le Chauve de 857 et 864[2]; documents qu'il ne reproduit pas d'ailleurs dans ses extraits d'une manière suffisante pour permettre d'en faire, d'après ce qu'il en donne, une appréciation exacte.

Quant aux juges eux-mêmes, *judices privati*, agents particuliers des grands possesseurs laïques ou ecclésiastiques dans leurs domaines ou leurs immunités, Montesquieu reconnaît pour tels les *judices* et les *missi discussores*[3] des évêques et des *potentes;* les *præpositi Ecclesiarum* du capitulaire de Clotaire II de 615[4]; les *advocati*, les *vice domini* et leurs *ministeriales*, les *centenarii*

---

1. Childeberti regis decretio, circa an. 595, c. 12; et Chlotharii II regis decretio, circa an. 595, c. 3 et 12. — Baluze, *Capitularia,* t. I, p. 17 et 19.

2. Caroli regis titul. XXIV, an. 857, c. 4, et titul. XXXVI, an. 864, c. 18. — Baluze, *Capitularia,* t. II, p. 96 et 181.

3. Discussores, id est cognitores rerum fiscalium. — Du Cange, *Glossarium.*

4. Edictum Chlotharii II regis an. 615, c. 5, 7, 19. — Baluze, *Capitularia,* t. I, p. 21.

des capitulaires de Charlemagne de 802 et de Charles le Chauve de 861[5]. La plupart semblent en effet, dans certains cas, investis du droit de faire certains actes de juridiction, mais quelquefois ils sont signalés comme soumis à la juridiction du juge public et obligés de répondre devant lui, soit pour leur patron, soit pour ses hommes, dans la condition de justiciables plutôt que dans celle de juges. Telle est, en effet, la signification fréquente de la locution *justitiam facere*, que Montesquieu a le tort d'interpréter toujours dans le sens de juger, *judicare*. Cette locution a quelquefois, en effet, cette dernière signification, il convient de le rappeler ; mais elle a souvent aussi celle toute contraire de *judicatum* ou *rectum facere*, comme nous l'avons montré précédemment (§ 14).

Les textes sur lesquels Montesquieu fonde son argumentation sont loin d'être péremptoires en faveur de sa thèse, puisqu'il en résulterait tout au plus que les agents des grands possesseurs, soumis dans les cas ordinaires à la juridiction des juges publics, peuvent cependant exercer parfois eux-mêmes une certaine juridiction ; ce qui ne prouverait pas du reste, nous l'avons constaté (§ 13), que cette juridiction particulière vînt de l'immunité.

5. Caroli Magni capitul. an. 802, I, c. 13, et Caroli Calvi titul. XXXIII, an. 861. — Baluze, *Capitularia*, t. I, p. 366, et t. II, p. 152.

Il nous reste à dire deux mots d'un dernier texte visé également par Montesquieu, où il est ordonné que les Églises aient les justices de leurs hommes, *justitias tam in vita quam in pecuniis eorum*[6]. Ce texte ne se rapporte vraisemblablement pas, comme le fait observer Houard (§ 39), à l'exercice proprement dit de la juridiction, à l'acte de juger, mais plutôt à la levée des justices, *justitiæ*, c'est-à-dire à la perception de la *compositio* et du *fredum*. C'est là, il est vrai, ce que Montesquieu déclare être proprement la justice même, *justitiæ;* mais, dans l'interprétation de ce texte particulièrement, il semble perdre de vue cette appréciation et entrer dans un ordre d'idées différent, lorsqu'il prétend, comme d'autres, comme Mably, Gourcy et Pardessus ce semble l'ont prétendu aussi après lui, y trouver la preuve que les Églises avaient, aux termes mêmes de ce texte du capitulaire de 806 (ou 810?), la justice criminelle et civile sur tous ceux qui habitaient leur territoire.

Entendrait-il par là que la formule *justitiæ in vita habere* correspondît suivant cette interprétation à ce qu'on appelle le droit de vie et de mort?

---

6. « In primis omnium jubendum est ut habeant Ecclesiae « earum justitias, tam in vita illorum qui habitant in ipsis « Ecclesiis quamque in pecuniis et substantiis eorum. » — Capitul. an. 806, IV, c. 1; et Capitularium l. VI, c. 245. Baluze, *Capitularia,* t. I, p. 449 et 964. — Capitul. Baiwaricum, circa an. 810 (?). Boretius, *Capitularia,* t. I, p. 158.

Telle n'est pas cependant, selon toute vraisemblance, le sens qu'il convient de lui donner. On serait probablement plus près de la vérité en cherchant sa signification dans le rapprochement qu'on peut en faire avec la locution *componere de vita* que donne un texte du vi° siècle[7]. Nous aurons occasion de rappeler ultérieurement ces considérations à propos de ce qui est dit par d'autres encore, après Montesquieu, à ce sujet (§§ 36, 39, 42, 49).

Montesquieu ne cite pas toujours et se contente le plus souvent de viser les textes dont il allègue l'autorité dans son argumentation. Nous en avons rapporté quelques-uns, d'après ses indications, ceux surtout pour lesquels nous avons été dans le cas de contester l'interprétation qu'il en donne. La mise en lumière et la discussion de ces documents nous ont semblé d'autant plus nécessaires que nombre d'auteurs après Montesquieu, en le citant ou sans le citer, se sont bornés à reproduire ses appréciations et ses assertions en ce qui les concerne. Ils y ont joint cependant parfois, comme nous le verrons, d'autres titres analogues que Montesquieu avait ou ignorés ou négligés, et dont nous aurons ainsi occasion de parler.

7. « Si quis in domo alterius ubi clavis est furtum inve- « nerit Dominus domûs de vita componat. » — Decret. Chlotharii II regis circa an. 595, c. 4. Baluze, *Capitularia*, t. I, p. 20. — Decret. Chlotharii, an. (?), c. 10. Boretius, *Capitularia*, t. I, p. 6.

§ 34. — En résumé, dans un système un peu confus (§ 31), Montesquieu, au XVIII<sup>e</sup> siècle, admet, comme aux XVI<sup>e</sup> et XVII<sup>e</sup> l'avait fait Loyscau, que la justice est en principe intimement liée au fief ; mais, contrairement à lui, il conteste que cette prérogative soit le résultat d'une usurpation. La justice est, ce semble, suivant Montesquieu, une sorte d'attribut de la propriété. Pour ce qui est de l'immunité, il affirme, avec Bignon, qu'elle implique jouissance de la juridiction ; que ce privilège, sans être absolument étranger aux laïques, est surtout propre aux Églises ; et que c'est tout spécialement la forme sous laquelle le droit de justice est assuré à celles-ci dans leurs domaines.

Mais cette justice, droit inhérent au fief et, grâce à l'immunité, reconnu dans les mêmes termes aux Églises, la justice des seigneurs, comme il le dit, et celle des Églises ne seraient en quelque sorte pas autre chose que le droit de faire payer la *compositio* due à la partie lésée et le *fredum* levé au profit du détenteur de l'autorité, au profit du seigneur territorial, du maître du domaine. C'est cet avantage qu'aurait assuré, suivant lui, aux Églises le privilège de l'immunité, qui contient l'interdiction à tout juge public ou officier royal d'entrer, pour cet objet non plus que pour aucun autre, dans le domaine du privilégié. De là, comme conséquence, pour celui-ci le droit et en quelque sorte l'obligation de juger lui-même ou de faire juger par ses agents, par les juges privés, à la place du juge public. Voilà comment, suivant Montesquieu, la justice privée serait engendrée, mais au profit des Églises surtout, par l'immunité.

Montesquieu tâche ainsi de concilier jusqu'à un certain point les idées de Loyseau et celles de Bignon sur l'origine de la justice privée et sur la part qui peut y revenir à l'immunité. Il n'en reconnaît à ce privilège qu'une très minime et tout à fait secondaire, dans la dévolution du droit de justice au grand possesseur laïque : à peu près d'accord en cela avec Loyseau, qui ne lui en attribuait aucune pour cet objet. Comme Bignon, il lui en accorde au contraire une très grande dans la constitution de la justice privée au profit des Églises, c'est-à-dire des ecclésiastiques. Il introduit en outre, assez timidement du reste, dans l'appréciation du fait une opinion nouvelle, suivant laquelle il fait, en principe, de la justice privée une sorte d'attribut de la propriété; particularité qu'il rattache pour ce qui est de ses origines aux usages des peuples germaniques (§ 34). Montesquieu prend place ainsi à la tête en quelque sorte de ceux qui considèrent le droit de justice privée comme une sorte de corollaire du droit de propriété.

Telles sont en définitive les opinions de Montesquieu sur la question.

### XIII. Mably.

§ 35. — Mably, après Montesquieu, parle à son tour de la justice privée et de l'immunité. On trouve ses opinions à ce sujet au livre I de ses *Observations sur l'histoire de France* publiées en 1765, dans les remarques surtout qui accompagnent le corps de l'ouvrage. Ce qu'il en dit ainsi manque un peu de liaison ; de là une certaine inconsistance dans le système qui paraît se dégager de ses écrits ; et, sur quelques points, l'absence de précision dans les notions qui le constituent.

Pas plus que Loyseau, Mably ne considère la justice privée, ce qu'il appelle la justice seigneuriale, comme devant en principe son origine à l'immunité. Il n'admet même pas avec Bignon qu'il en soit au moins ainsi, exceptionnellement, pour ce qui regarde spécialement les Églises. Tout au contraire, l'immunité soit laïque, soit ecclésiastique, — Mably ne les distingue pas comme Bignon et Montesquieu l'une de l'autre, — aurait été, suivant lui, la suite et le complément, la consécration en quelque sorte de l'exercice antérieur de la justice privée : ce qui revient à peu près à l'opinion de Montesquieu (§ 31). Mably conteste d'ailleurs à celui-ci que la justice privée se rattache aux usages germaniques (§ 31) et ne semble pas non plus lui accorder qu'elle ne soit jamais le résultat de l'usurpation : les détenteurs des seigneuries s'attribuent de bonne heure, dit-il, le droit de

justice, et ce droit est, lorsqu'il apparaît, étroitement lié à la seigneurie patrimoniale, qui, suivant
lui, a commencé presque toujours ainsi. Quoi
qu'il en soit, voici l'explication que donne Mably
des origines de la justice privée.

La justice privée, démembrement suivant
Mably de la juridiction publique des comtes,
résulterait, croit-il, des pratiques de l'arbitrage
librement consenti par les parties engagées dans
un litige, pour se soustraire aux abus de pouvoir,
à la tyrannie des officiers et juges publics. Les
arbitres choisis étant naturellement, dit Mably, les
seigneurs eux-mêmes, la juridiction acquise par
eux, à ce titre, du consentement des justiciables,
et consacrée par l'usage, leur est finalement assurée par les décisions de « l'assemblée des Leudes,
« ainsi s'exprime-t-il, qui défendent expressément
« aux magistrats publics d'exercer aucun acte de
« juridiction dans les terres des seigneurs. » Voilà
comment se trouvent instituées, suivant Mably,
les fonctions judiciaires et, partant, le droit de
justice de ces derniers.

La pratique très ancienne du jugement arbitral
est attestée comme un usage de droit commun
par des documents dont Mably aurait pu invo-
quer l'autorité, ce qu'il ne fait pas toutefois[1]. Mais

1. « Dirimere causas nulli licebit nisi aut à principibus
« potestate concessa, aut ex consensu partium electo judice. »
Lex Wisigoth., lib. II, titul. I, c. 14. — Dom Bouquet,
*Recueil des historiens des Gaules et de la France*, t. IV, p. 296.

le parti qu'il tire de cet usage pour expliquer
l'origine de la justice privée paraît peu acceptable.
Quant au rôle qu'il donne à l'assemblée des Leudes
dans cette institution, c'est une conception tout à
fait singulière qui se rattache évidemment à la
théorie bien connue de Mably sur le jeu des assem-
blées publiques dans les premiers temps de la
monarchie[2]. Il explique ainsi à la fois l'origine de
la justice privée et celle de l'immunité, puisque
celle-ci n'est, suivant lui, que le complément et
comme la consécration de celle-là.

Créée de cette manière, la justice privée se
généralise, dit l'auteur ; les rois en font l'accompagnement de toute concession de bénéfice. Cependant Mably, qui ne confond pas les bénéfices avec
les fiefs, dit que les premiers bénéfices étaient
sans justice ; mais qu'il n'en est pas de même ultérieurement. « Dès que les rois, en conférant des
« bénéfices, leur attribuèrent, ajoute-t-il, le droit
« de justice, il fut défendu aux juges publics d'y
« faire aucun acte de juridiction. » Cette interdiction, il est facile de le reconnaître, n'est au senti-
ment de l'auteur autre chose que le privilège
d'immunité lui-même ; et dire que les rois donnant
un bénéfice faisaient suivre la donation de cette
interdiction, c'est dire qu'à la collation du premier était jointe celle de l'immunité.

Mably, à cette occasion, rend compte suc-

2. Mably, *Observations sur l'histoire de France*, 1. II, c. 2,
Remarques et preuves.

cinctement des prohibitions qui sont l'essence même du privilège, tel qu'il est formulé dans les diplômes royaux portant concession d'immunité ; mais il n'entre dans aucune explication détaillée en ce qui les concerne.

Pour ce qui est de l'époque à laquelle remonteraient ces faits, dans leurs premières manifestations, Mably est peu précis. Il y a même quelques contradictions dans ses déclarations à ce sujet. La justice privée, dont l'immunité serait inséparable puisque celle-ci en est la consécration en quelque sorte, aurait été attachée à la seigneurie patrimoniale postérieurement au VIII$^e$ siècle, par Charlemagne dit-il quelque part. Ailleurs il avance qu'elle a peut-être commencé au VII$^e$ siècle et même vers la fin du VI$^e$, sous les Mérovingiens. Quant aux Églises, elles auraient eu, dit-il, justice et plaids dès les premiers temps de la monarchie. Il y a désaccord complet entre ces indications. Mably dit, après tout cela, qu'il a pu se tromper sur les causes, mais non sur l'époque de l'établissement des seigneuries, établissement solidaire de celui de la justice privée et partant de l'immunité, dans son système. Il pourrait bien se faire qu'il s'abusât sur le mérite de ses allégations dans l'un aussi bien que dans l'autre cas, vraisemblablement.

On voit ce que peuvent valoir les opinions formulées ainsi par Mably sur les origines de la justice privée et sur l'immunité. Elles constituent un régime imaginaire dont il laisse flottante la date initiale et dont il ne justifie par aucune preuve suffisante la conception.

§ 36. — A ces notions imparfaites, Mably joint cependant la citation de quelques textes. Mais ces textes ne semblent guère propres à les corroborer. Ce sont deux formules de Marculfe, celles qui portent les numéros 2 et 3 au livre I et qui concernent la concession de l'immunité à une Église; plus trois chartes de 630, 636, 638, empruntées à Dom Bouquet[1] : celle de 630 pour la donation par Dagobert à l'abbaye de Saint-Denis de certains domaines, *villœ cum justitiis et dominiis;* celle de 636, du même roi, et celle de 638, de Clovis II, pour la concession de l'immunité à deux autres abbayes, Rebais et Saint-Maur-des-Fossés. Rapprochant, comme il le fait, ces citations de ce qu'il dit de la défense opposée aux juges publics de faire acte de justice dans les domaines concédés en bénéfice par le roi, ce qu'il présente comme une confirmation en quelque sorte du droit de justice, Mably peut être justement soupçonné de prendre dans le premier des trois diplômes les mots *cum justitiis* pour l'expression de ce droit de justice, du droit même de juger, au lieu d'y voir, comme il convient ce semble, le privilège de recueillir simplement les

---

1. Dom Bouquet, *Recueil des historiens des Gaules et de la France,* t. IV, p. 628, 630, 633.

fruits de la justice, c'est-à-dire les amendes, les confiscations, etc., la jouissance des droits du fisc en un mot (§ 14).

Au cours de ses explications touchant l'origine et le caractère de la justice privée, Mably cite encore certains textes empruntés aux capitulaires et à d'autres documents du même temps, où il croit, comme Montesquieu et d'après lui peut-être, trouver des preuves de l'exercice de cette juridiction par les juges privés. Il tire ces conclusions des locutions *justitiam* ou *justitias facere*, *justitias percipere et reddere* qu'il trouve dans ces textes. Nous avons expliqué précédemment la véritable signification de ces expressions (§ 14) sur le sens desquelles Mably se méprend. Il en est de même de son interprétation de la proposition « ut « habeant Ecclesiæ justitias..... in vita illorum qui « habitant in ipsis Ecclesiis » (§ 33, note 6), où il croit voir, comme d'autres l'ont cru aussi, l'expression du droit de vie et de mort, mais dont le sens ne saurait vraisemblablement être tel. Nous avons relevé pour la première fois, chez Montesquieu, cette opinion inacceptable ; nous nous contenterons ici de renvoyer aux considérations que nous avons présentées alors à ce sujet (§ 33).

§ 37. — En résumé, dans le système de Mably, les abus de pouvoir des juges publics et le besoin d'échapper à leur tyrannie auraient généralisé parmi les hommes des domaines privés l'usage, conforme à d'anciennes coutumes, de recourir

dans leurs différends à l'arbitrage, et cet arbitrage
remis au seigneur aurait bientôt constitué à son
profit une juridiction que vient compléter ultérieurement l'interdiction opposée aux juges publics
d'exercer aucun acte de justice dans l'intérieur
de ces domaines. Les rois, pour assurer cet avantage de la juridiction privée aux possesseurs des
bénéfices, aussi bien ecclésiastiques que laïques, le
leur auraient garanti au moyen de la même interdiction, formulée dans le privilège d'immunité
qu'ils confèrent en même temps que le bénéfice.

La justice privée aurait ainsi pour origine la
pratique de l'arbitrage, complétée ensuite et consacrée par les interdictions de l'immunité. Elle
résulterait ultérieurement des termes en quelque
sorte de ce privilège, qui l'engendrerait alors au
profit de tout détenteur de bénéfice concédé dans
ces conditions par le roi. Mably regarde en définitive l'immunité comme introduite postérieurement à la constitution de la justice privée ; mais
il admet que par la suite celle-ci est assurée,
garantie, enfantée en quelque sorte par le privilège. On pourrait peut-être, à la rigueur, ranger
d'après cela Mably parmi ceux qui considèrent
l'immunité comme engendrant la justice privée,
bien qu'il reconnaisse en principe à celle-ci une
autre origine, l'arbitrage.

## XIV. HOUARD.

§ 38. — Houard, contemporain de Mably,

8

publie, un an après l'apparition des *Observations
sur l'histoire de France* de ce dernier, son traité
des *Anciennes lois des Français*, donné en 1766.
Il ne s'occupe pas de l'ouvrage de Mably. Comme
lui, mais à un autre point de vue, c'est aussi aux
opinions de Montesquieu qu'il s'attaque directement. Il le fait à propos des justices ecclésiastiques, dans ses remarques sur une charte de
Guillaume, roi d'Angleterre, où il est question de
cette matière, *De judicio Episcoporum*.

Houard combat systématiquement l'opinion
qu'anciennement les ecclésiastiques aient parfois
exercé en France quelque partie de la justice
civile, sinon à titre exceptionnel et par déroga-
tion au droit commun. Les Églises n'avaient
aucune juridiction civile et territoriale, ainsi s'exprime-t-il. Le prétendu droit que, suivant Montesquieu, et suivant Bignon eût-il pu ajouter, leur
aurait à cet égard procuré l'immunité n'a, dit
Houard, aucune réalité. Pour que l'immunité
accordée aux Églises eût des conséquences en ce
qui regarde la justice, il eût fallu, dit-il, que les
Églises eussent possédé antérieurement cette justice ; ce qui n'est pas, ajoute-t-il.

Il résulte de cette observation qu'aux yeux de
Houard, l'immunité ne pouvait, en fait de justice,
donner aucun droit nouveau, mais favorisait seulement le développement de droits déjà possédés
antérieurement. Les interdictions stipulées dans
la charte d'immunité n'étaient pas constitutives de

justice, il le dit formellement. La donation des
*freda*, non plus que la concession générale du *jus
fisci*, n'impliquaient pas davantage, suivant lui,
une pareille conséquence. Elles ne procuraient
que la jouissance de certains revenus et celle
des amendes infligées par les juges ordinaires ; il
s'agissait d'ailleurs en cela d'un avantage accordé
aux bénéficiers de tout ordre, aussi bien aux laïques
qu'aux ecclésiastiques. Il n'y a dans la charte
d'immunité, il le déclare expressément, aucune
mention d'une concession quelconque de justice ;
déclaration renouvelée de nos jours dans les écrits
de Pardessus (§ 48), de Lehuërou (§ 52) et de
M. F. de Coulanges (§ 61).

Les bénéfices, dit encore Houard, n'empor-
taient aucun droit de justice qui leur fût inhérent,
comme le prétendait Montesquieu. Leur subordination, par rapport aux juges ordinaires, serait
d'ailleurs, fait-il observer, plutôt prouvée qu'in-
firmée par l'interdiction que l'immunité oppose
à ces officiers d'entrer sur le territoire privilégié.
C'est donc à tort, ajoute Houard, que Montesquieu
aurait dit des terres du fisc données en bénéfice
par le roi, que la justice était dans leur nature. Ce
serait là, suivant lui, une première erreur de Montesquieu, aggravée encore par une seconde, celle
de confondre les fiefs avec les bénéfices ; ce qui
induit l'auteur à prétendre que la justice était
inhérente au fief, tandis qu'antérieurement elle
ne l'était pas même au bénéfice.

Cependant, à un point de vue plus général, Houard reconnaît, à côté de la juridiction des juges publics, l'autorité du maître sur ses hommes, dont il lui appartenait de juger à ce titre certaines causes par l'intermédiaire de ses agents ou officiers particuliers ; régime purement laïque, dont le type est fourni, dit-il, par celui des terres du fisc, tel qu'il ressort des dispositions du capitulaire *de villis*. Houard se rapproche par là de l'opinion qu'il combat chez Montesquieu. On ne peut pas ne pas relever cette contradiction. C'est ainsi qu'il admet, sans tirer néanmoins de là les conséquences qui peuvent en découler, une sorte de juridiction inférieure exercée par le possesseur sur ses hommes, pour la police intérieure, le maintien de l'ordre, l'administration et la bonne direction du travail dans son domaine ; droit naturel, suivant lui, de tout homme libre ; droit du maître, *dominus*, dans son alleu, analogue à celui qu'on voit le roi exercer dans les terres du fisc.

§ 39. — Au cours de sa dissertation, Houard discute, à propos de sa thèse, quelques-uns des textes qui avaient déjà fixé précédemment l'attention de ses devanciers. Il en fournit à son tour l'interprétation et, sans résoudre toutes les difficultés qu'elle présente, il approche en quelques points plus qu'on ne l'avait encore fait de la vérité.

C'est ainsi que, dans certains textes où se trouvent les mots *justitia*, *justitiœ*, qu'on y consi-

dérait avant lui comme exprimant l'exercice même
de la juridiction, c'est-à-dire l'acte de juger, il
propose de ne voir autre chose que la mention
des amendes, *freda*. Il applique notamment cette
appréciation à l'explication de la locution *justitias
in vita habere*, dans un texte où, avant lui, Montesquieu (§ 33), Mably (§ 36) et après lui encore
Gourcy (§ 42) et Pardessus, ce semble (§ 49),
veulent trouver l'expression du droit de vie et de
mort qui suivant eux caractériserait ainsi l'exercice de la justice criminelle[1]. Il applique encore
la même appréciation à la locution *justitiam* ou
*justitias percipere et reddere*[2], qu'ailleurs on
expliquait et qu'on explique encore quelquefois
par juger, *judicare* (§ 14).

Pour ce qui est du texte où se trouve la première
de ces deux locutions, *justitias in vita habere*,
Houard dit nettement qu'il concerne non l'exercice
de la juridiction, mais la perception des *freda*
accordée aux Églises par les capitulaires, et que le
mot *justitia* a encore, dans des documents ultérieurs, le sens de redevance, ce qui est d'accord
avec la signification qu'il lui donne ici.

Quant au texte qui contient la seconde locution, *justitias percipere et reddere*, Houard est sur
la voie d'une bonne interprétation qu'il ne trouve
pas cependant, parce que, dans l'alternative exprimée par les deux verbes *percipere* et *reddere*, il

1. Ce texte est donné ci-dessus, § 33, note 6.
2. Dans un texte donné ci-dessus, § 14, note 9.

donne successivement au mot *justitia* deux sens différents. Il dit, en effet, que, dans le premier cas, il s'agit des *missi episcoporum vel potentum* chargés de percevoir les amendes, *justitias percipere;* en quoi il est dans le vrai, mais n'a pas tout à fait raison, car il aurait fallu plutôt dire chargés de recevoir la *compositio.* Dans le second cas il s'agirait, suivant lui, des agents de la justice publique, *judices comitum*, chargés, dit-il, de juger ou rendre la justice, *justitias reddere;* et ici il a tout à fait tort.

Houard aurait dû cependant être éclairé dans cette appréciation par le rapprochement qu'il fait de ces textes et de celui d'une ordonnance de 1209 de Philippe-Auguste[3] qu'il cite et où, il aurait pu le voir, la locution *reddere justitiam* signifie payer une redevance ; ce qui prouve qu'elle ne correspond pas nécessairement à l'idée de juger. Dans le texte qu'il étudiait, la locution complète signifie, nous l'avons montré (§ 14), ester en justice soit comme demandeur (*percipere*) soit comme défendeur (*reddere*), ou bien recevoir ou payer indemnité, *compositio.*

---

3. « Quilibet... secundum quod de feodo illo tenebit, ser-
« vitium tenebitur exibere, et illi domino deservire, et red-
« dere rachatum et omnem justitiam..., » où le mot *justitia*
signifie, dit Laurière dans une note, droits, devoirs ou redevances. — Philippus rex, de feodalibus tenementis, 1er mai
1209, art. 2. — *Ordonnances des rois de France,* t. I, 1723,
p. 29.

§ 40. — Houard, dans sa dissertation, part, on le voit, de la critique des opinions de Montesquieu sur les justices ecclésiastiques, d'où il étend ses observations au régime tout entier de la justice privée.

En résumé, suivant lui, les Églises exclusivement en possession de la justice spirituelle n'ont pu avoir, sinon exceptionnellement, aucune justice civile ; pure usurpation entre leurs mains, disait Loyseau. Les bénéficiers non plus n'avaient, croit-il, aucun droit de justice, bien qu'il reconnaisse à tout libre possesseur une sorte de juridiction inférieure sur les hommes de son alleu, dans des termes analogues à celle exercée par le roi sur les hommes du fisc. Quant à l'immunité, elle ne renferme, dit-il, aucune concession de justice (§ 38), mais emporte la simple jouissance de ses fruits, en raison de la concession des amendes, *freda*. Elle laisse aux juges publics l'exercice de leur juridiction habituelle.

Cette doctrine, prise dans son ensemble et fouillée dans tous ses détails, permet de ranger Houard parmi ceux qui, n'accordant pas à l'immunité d'être la source de la justice privée, voient quelques traits de celle-ci, sans tirer de là aucune conclusion du reste, dans l'autorité et dans un certain droit de police du possesseur sur sa terre et sur ses hommes.

## XV. Gourcy.

§ 41. — L'abbé de Gourcy, après Houard, expose ses idées sur les origines de la justice privée et sur l'immunité dans un ouvrage couronné en 1768 par l'Académie des Inscriptions et publié l'année suivante sous ce titre : *Quel fut l'état des personnes en France sous la première et la seconde race de nos rois ?* L'auteur identifie les justices privées avec les seigneuries, comme il le marque en disant au début de sa discussion sur cet objet : « Il ne « me reste plus qu'à examiner s'il y avait des sei- « gneuries ou justices privées sous les deux pre- « mières races. » On a soutenu, dit-il encore, qu'elles n'avaient commencé que vers le déclin de la seconde race, par les usurpations des ducs et des comtes, qui se seraient approprié alors les droits dont ils n'avaient que l'exercice par délé- gation du souverain. Cette opinion, ajoute-t-il, est celle d'Adrien de Valois, de l'abbé Dubos, de l'abbé Legendre, de Dom Vaissette, de Chantereau- Lefebvre, de Fleury. Et il continue : ces usurpa- tions ne sont que trop vraies, mais les justices privées commencent bien plus tôt et procèdent dès lors d'une double origine ; l'une peu régulière — il l'estime ainsi — par la transformation gra- duelle en juridiction de l'autorité particulière du maître sur les serfs de son domaine, aussi bien que sur une certaine catégorie d'hommes libres vivant également sur ses terres, et à ce titre volontaire-

ment soumis à son autorité pour jouir de sa protection ; l'autre, plus légitime — tel est son senti-
ment — suite de l'exemption de toute juridiction
des juges publics, formellement accordée par les
rois dans des chartes dont on a des spécimens
qui remontent aux premiers temps de la monarchie. Ce sont les chartes d'immunité qu'il apprécie et mentionne ainsi.

Telle est en deux mots la théorie de Gourcy. Il
conteste d'ailleurs expressément que la justice soit,
comme le veut Montesquieu (§ 31), un droit inhérent au fief, car il y a, dit-il, notamment en Nor-
mandie, un grand nombre de fiefs sans justice ;
mais le privilège de l'exercer est ordinairement
attaché au bénéfice ; le droit de juger accompagne,
dit-il, presque toutes les concessions royales.
Attaquant encore Montesquieu sur un autre point
(§ 31), Gourcy nie, comme Mably (§ 35), qu'on
trouve aucune trace de justice territoriale (justice
privée) chez les anciens Germains, ni chez les
Gaulois, d'après le tableau que César et Tacite ont
donné de leurs mœurs et de leurs usages.

L'abbé de Gourcy rapporte, en définitive, à
trois sources différentes l'origine de la justice
privée : premièrement, aux développements et à
la transformation de l'autorité du maître sur ses
hommes, où il ne voit qu'abus et empiétements
illégitimes, et sur lesquels il n'insiste pas beaucoup ; secondement, aux usurpations, lesquelles
se multiplient vers la fin de la seconde race, de la

part des seigneurs, des ducs, des comtes, qui
s'attribuent la propriété des domaines et des
offices dont ils étaient investis, faisant ainsi de la
juridiction royale, qu'ils exerçaient dans des conditions d'amovibilité, une juridiction seigneuriale
héréditaire ; troisièmement, aux concessions
royales surtout, qui en sont à ses yeux le principe le plus pur et qui remontent, dit-il, aux premiers temps de la monarchie. Ce que l'abbé de
Gourcy appelle des concessions de juridiction, ce
sont, rappelons-le, les chartes d'immunité, auxquelles il mêle sans le distinguer des autres un
diplôme qui a en effet le caractère qu'il attribue à
toutes ; c'est une charte de 815[1] contenant, en
faveur du privilégié, un abandon formel du droit
de juger qu'on ne trouve pas dans les chartes
d'immunité.

§ 42. — L'argumentation de l'abbé de Gourcy
porte principalement sur les chartes d'immunité.
« Ces actes contiennent presque tous, dit-il
« d'après Montesquieu, une défense aux juges ou
« officiers du roi d'entrer dans le territoire d'une
« Église ou d'un Fidèle pour y exercer quelque
« acte de justice ou y exiger quelque émolument de
« justice que ce fût. Dès que les juges royaux ne
« pouvaient plus rien exiger dans un district, ils
« n'entraient plus dans ce district ; et ceux à qui
« restait ce district y faisaient les fonctions que

1. Baluze, *Capitularia*, t. II, 1405.

« ceux-là y avaient faites. » Gourcy, à ce sujet, cite un certain nombre de ces chartes d'immunité et mentionne en tête de l'énumération qu'il en fait celles qu'on attribue à Clovis et à Clotaire Ier pour l'abbaye de Réomaux. On a nié leur authenticité, dit-il; peu importe; une foule de pièces incontestables du même genre fournissent des témoignages évidents de l'existence des justices privées aux VIe et VIIe siècles. Telles sont, suivant lui, trois chartes notamment données à l'abbaye de Saint-Calais, sous les dates de 528, 538 et 557 (pour 547).

A la mention des chartes d'immunité, l'abbé de Gourcy joint celle des formules de Marculfe relatives au privilège; puis le diplôme de 815, que nous avons signalé tout à l'heure (§ 41), par lequel Louis le Débonnaire donne expressément à un *fidelis*, pour lui et ses successeurs, le droit de juger les habitants de leur domaine.

Gourcy joint à ces documents, pour justifier la signification qu'il leur donne, certains textes empruntés aux capitulaires. Ce sont ceux allégués déjà par d'autres en faveur de la même thèse. L'auteur prétend tirer de ces textes, comme on l'avait fait précédemment, des preuves qui établissent, suivant lui, et l'existence et le rôle judiciaire des juges privés dès le VIe siècle, pour en déduire la conséquence que la justice privée existait aussi à la même époque. Nous avons dit ce que peuvent valoir ces considérations pour l'usage qu'on en fait ainsi (§ 13). Gourcy s'appuie, dans son argumentation, sur ces textes, comme ses prédécesseurs l'ont fait avant lui, comme d'autres le feront encore après lui. Voici l'interprétation qu'il en donne.

Dans un capitulaire que l'auteur cite sous la date de 552, et auquel Baluze assigne celle de 595 à peu près, l'expression *fidelium termini* opposée à celle de *centena* doit désigner, dit Gourcy d'après Montesquieu (§ 33), une terre à laquelle le droit de justice des *fideles* était attaché ; ce qui, dans un autre document du même genre, dans une constitution de Clotaire II suivant Baluze, de Clotaire I<sup>er</sup> suivant D. Bouquet, est rendu par le mot *trustis*.

Dans des capitulaires de 779, 793, 803, 849 qui imposent au *fidelis*, au *vassallus*, au *Francus*, au *Longobardus* l'obligation de faire justice, *justitiam facere*, Gourcy, interprétant par *judicare* cette dernière locution, voit la preuve que les personnages désignés ainsi jouissent de la juridiction.

Le capitulaire de 615, ordonnant aux évêques et aux puissants laïques d'instituer des officiers, *judices vel missi discussores qui justitiam percipiant et aliis reddant* (§ 14, note 9), est interprété par Gourcy dans le même sens ; il prouve, suivant lui, que le droit de justice privée est alors bien établi et nécessairement accordé, fait-il observer, par le roi, qui est éminemment le seul justicier du royaume.

Dans le capitulaire de 806 (ou 810 ?), la locution *justitias in vita habere* (§ 33, note 6) impliquerait, croit-il avec d'autres, la possession par les Églises de la justice criminelle aussi bien que celle de la justice civile sur tous ceux qui habitent leur territoire.

Dans l'appréciation qu'il fait de ces documents, Gourcy se conforme à celle que nous en avons déjà vu faire par d'autres avant lui. Nous nous sommes, à cette occasion, expliqué à leur sujet. La manière dont les *fidelium termini* sont mentionnés dans le capitulaire cité n'implique nécessairement aucune juridiction au profit de ces *fideles* (§ 33). *Justitiam facere*, qui signifie quelquefois juger, correspond souvent aussi à l'idée toute contraire d'exécuter ce qu'un jugement a prescrit ou devait prescrire, ce que le droit exige : *non judicare, sed judicatum sive judicandum vel rectum facere* (§ 14). La locution a toujours ce dernier sens dans la proposition *justitiam percipere vel aliis reddere (facere)*, exprimant notamment l'alternative entre les deux situations de demandeur et de défendeur dans une affaire judiciaire, et se rapportant par conséquent au rôle de justiciable et non à celui de juge (§ 14). *Justitiæ* désigne non l'exercice de la juridiction, mais la levée ou la jouissance des revenus ou fruits de la justice (§ 14). Dans la locution *justitiæ in vita*, le mot *justitiæ* a un sens qui dérive de celui-là (§ 33). C'est également ainsi qu'il faut interpréter le même mot dans un diplôme de 630 portant donation de domaines par Dagobert I<sup>er</sup> à l'abbaye de Saint-

Denis, *cum omnibus justitiis et dominiis ;* diplôme
qui a évidemment pour Gourcy, d'après la manière
dont il le cite, la valeur d'une donation de juridiction. Celui de 632, du même roi au même monas-
tère, semble être à ses yeux une confirmation du
fait, par l'opposition qu'il y trouve des *judices
privati* aux *judices publici.* Mais nous avons montré que, de l'existence des *judices privati*, on ne
peut tirer aucun argument pour conclure à celle,
dès le même temps, de justices privées constituées
en vertu du privilège de l'immunité (§ 13).

§ 43. — En résumé, l'abbé de Gourcy voit dans
les diplômes d'immunité et dans les textes de différente nature qu'il groupe à côté d'eux la preuve
de l'existence de la justice privée dès les premiers
temps de la monarchie, et regarde son institution
comme la conséquence nécessaire de ce privilège
de l'immunité. Celui-ci impliquait, suivant lui,
exemption de la juridiction des juges publics, et
cette exemption équivalait, croit-il d'après Montesquieu, à la concession de la juridiction. Telle est,
pour Gourcy, la source principale et légitime
d'où provient le régime de la justice privée.
D'autres causes cependant, il le reconnaît, ont pu
concourir aussi, mais pour une moindre part, et
moins légitimement ajoute-t-il, au même résultat :
le développement de l'autorité très ancienne du
maître sur ses hommes et les empiétements et
usurpations qui, au déclin de la seconde race,
immobilisent à titre de propriété entre les mains

des juges publics, des comtes notamment, les droits de juridiction dont ils étaient investis à titre d'office par les souverains.

En définitive, Gourcy doit être rangé parmi ceux qui regardent le privilège d'immunité comme le principe de la justice privée, tout en mentionnant, sans y insister du reste, certains droits inhérents à la propriété, ceux du maître sur ses hommes, comme ayant eu également un rôle dans ses origines.

## XVI. NAUDET.

§ 44. — Naudet reprend, après Gourcy, la question de l'origine de la justice privée dans son mémoire : *De l'état des personnes en France sous les rois de la première race*, publié en 1827, au tome VIII des *Nouveaux mémoires* de l'Académie des Inscriptions. Son opinion diffère sur plus d'un point de celle de son prédécesseur, en ce qui concerne notamment le principe de la justice privée, le caractère de celle-ci, et la nature des droits qu'elle comporte.

Pour Naudet, la justice est, sous la première race déjà, un des attributs du bénéfice. « Le « bénéfice, dit-il, ajoutait à la personne du leude « des privilèges de justice résultant de la pos- « session d'une terre royale, et cet usage avait « sa racine dans les mœurs des Germains. » Ces privilèges n'étaient autres d'ailleurs que le droit de percevoir les profits de la justice, impli-

quant, non comme un avantage, mais comme une
charge, l'obligation de juger. Naudet revient ainsi
à peu près à la théorie admise sur ce sujet au
XIII<sup>e</sup> siècle (§ 22), théorie suivant laquelle la justice privée procéderait bien de l'immunité, mais
comme une suite de la possession des droits du fisc
qui accompagne ordinairement le privilège, et non
comme conséquence de l'interdiction opposée par
celui-ci aux juges publics d'entrer sur le territoire privilégié et d'y tenir leurs plaids, ainsi qu'on
le prétendait généralement depuis Bignon. Naudet se rapproche aussi par là de l'idée initiale de
Montesquieu, que la justice était surtout « un droit
lucratif, » le droit de faire payer la *compositio* et
le *fredum* et d'en tirer les fruits (§ 31).

Au début de sa discussion, Naudet prend à
partie les opinions de Montesquieu et de Mably
sur certains points du sujet. Il conteste, comme
Gourcy, au premier que la justice soit un droit
inhérent au fief, et il constate avec Mably, ce qu'admet également Gourcy, que c'est, nous l'avons dit
tout à l'heure, un attribut du bénéfice. Il devrait,
à cette occasion, reconnaître que l'apparente
erreur de Montesquieu vient seulement de ce
qu'il confond le bénéfice avec le fief, ainsi que
Houard le fait observer (§ 38).

Pour ce qui est des opinions de Mably en particulier, Naudet les attaque non seulement en raison
de l'origine qu'il y trouve assignée à la justice privée (§ 35), mais encore à propos de la confusion

qu'il y signale entre le bénéfice et la seigneurie à
laquelle aurait été originairement attachée, dit cet
auteur, la justice privée; ce qui pourrait remonter, suivant lui, jusqu'au VIᵉ siècle (§ 35). « Mais,
« ajoute Naudet, les bénéfices héréditaires diffé-
« raient beaucoup des seigneuries, parce que les
« particuliers compris dans les districts de jus-
« tices bénéficiaires, n'étant point les hommes de
« ceux à qui appartenaient les bénéfices, ne pou-
« vaient tomber sous leur dépendance que par un
« acte de violence et de tyrannie, non par un
« usage légitime; à moins qu'ils ne se recomman-
« dassent aux bénéficiers, s'ils étaient hommes
« libres possédant un alleu, ou qu'ils ne tinssent
« d'eux une possession à cens s'ils étaient libres
« sans alleu. »

Naudet introduit ainsi la distinction, que doit
lui emprunter ultérieurement Pardessus, entre la
justice attachée au bénéfice ou justice patrimoniale, et la justice seigneuriale proprement dite;
distinction fondée sur celle qui sépare le bénéfice
héréditaire de la seigneurie. Nous retrouverons
ces appréciations dans la théorie de Pardessus,
qui reprend cette conception après Naudet et qui,
la développant, en complète l'expression laissée
imparfaite par son auteur.

Naudet a consulté le mémoire de Gourcy, qu'il
cite quelquefois. Il lui doit certaines idées et lui
emprunte, sans les vérifier toutefois, quelques-
unes de ses citations. Les trois pièces notamment

données par Naudet, sous les dates de 528, 538, 557, comme chartes d'immunité portant concession des droits du fisc, pour lesquelles il renvoie non à Gourcy mais à Dom Bouquet avec pagination inexacte, sont précisément celles que mentionne Gourcy, la troisième avec une faute de date (557 pour 547) qui n'existe pas chez Dom Bouquet et que reproduit Naudet. Il est bon de faire observer que ces chartes sont citées par Naudet comme des spécimens de concessions royales comportant « le « privilège de percevoir les profits de la justice et « en même temps l'obligation de la faire rendre. » C'est ainsi qu'il rattache la concession de la justice privée à l'immunité, déclarant que ces chartes de concession ou de confirmation du privilège sont l'expression de cette concession.

§ 45. — Nous venons de mentionner trois chartes du VI⁰ siècle citées par Naudet dans son mémoire, sous les dates de 528, 538, 557, en faisant remarquer qu'il paraît en avoir emprunté simplement l'indication à Gourcy sans vérifier sa citation, peut-être même, pourrait-on ajouter, sans avoir lu les pièces, car il les mentionne toutes trois comme des chartes d'immunité, et la seconde n'est qu'une confirmation de biens. Il rappelle, en outre, après Montesquieu et Gourcy (§§ 33 et 42), les deux textes de la fin du VI⁰ siècle, où il est question des *fidelium termini* et de la *trustis*, qui lui semblent non pas supposer, comme on l'avait dit, mais prouver certainement, il s'exprime ainsi, une juridiction établie partout dans les domaines des *fideles*. Naudet cite également, comme ses prédécesseurs, le texte relatif à l'institution des agents particuliers des évêques et des puissants laïques : « Episcopi vel potentes... judices vel mis-« sos discussores... instituant... qui justitiam per-« cipiant et aliis reddant » (§ 14, note 9). Pour l'interprétation de ce texte, il s'écarte des explications données jusque-là par tous ceux qui précédemment l'avaient étudié. *Justitiam percipere et aliis reddere* ne signifie plus, suivant lui, comme on le prétendait auparavant, juger, *judicare*, purement et simplement, mais « percevoir les profits « de la justice et la faire rendre. » Par cette interprétation, Naudet approche plus qu'on ne l'avait fait précédemment de la vérité ; mais il ne l'atteint cependant pas encore complètement, parce qu'il donne successivement au mot *justitia*, dans les deux termes de la proposition, deux sens différents, suivant lesquels *justitiam percipere* serait percevoir les profits de la justice, *compositiones et freda percipere*, tandis que *justitiam reddere* serait juger, *judicium reddere, judicare*. Or on ne peut raisonnablement admettre qu'un seul et même sens pour le mot *justitia* dans les deux termes de la proposition ; et ceux-ci correspondent à la double situation du demandeur et du défendeur devant la justice, ou du gagnant et du perdant après chose jugée, comme nous l'avons dit (§ 14). Ce sens unique serait à peu près celui que Naudet avait proposé, mais pour le premier des deux termes seulement. Il y a lieu de faire observer cependant qu'en réalité, dans la proposition, le sens de *justitiam percipere* n'est pas tout à fait percevoir les profits de la justice, comme le dit Naudet, c'est-à-dire lever les *freda*, ce qui est le droit du jugeur ; mais réclamer ou recevoir la *compositio*, ce qui est le fait du justiciable.

§ 46. — Les traits essentiels de la théorie de Naudet sont que la justice aux mains des particuliers, la justice privée, est un attribut du bénéfice et l'accompagnement ordinaire des concessions de terres royales, mais que cette justice est en principe bien moins une juridiction qu'une jouissance de droits utiles, en conséquence de la levée de la *compositio* et du *fredum*, qui résulte de la concession des droits du fisc jointe à celle de l'immunité. C'est cette jouissance des produits de la justice qui entraînerait l'exercice de la juridiction ; la possession des fruits de la justice devant emporter avec elle, suivant lui, l'obligation de juger. Voilà comment, dans ce système, la justice privée se rattache, à titre de conséquence, à l'immunité. En définitive, la théorie de Naudet se range parmi les systèmes qui font sortir la justice privée de l'immunité ; mais, comme on le croyait au XIIIe siècle, en vertu de la concession des droits du fisc, non plus, comme on le voulait depuis le XVIIe, en vertu de l'interdiction aux juges publics de tenir leurs plaids dans l'intérieur du domaine privilégié.

## XVII. PARDESSUS.

§ 47. — Pardessus, dont l'œuvre s'offre maintenant à nos observations, nous fournit pour la première fois des travaux étendus, spécialement consacrés à l'étude de la justice privée. Sa théorie sur cet objet est consignée dans trois écrits publiés dans l'espace d'une dizaine d'années, de 1840 à 1849 ; savoir : deux mémoires, d'abord, qui sont à peu près la reproduction l'un de l'autre, non sans quelques modifications cependant d'une certaine importance pour la forme au moins, imprimés en 1840 et en 1843 ; puis un troisième mémoire composé sur un plan nouveau et donné en 1849. Le premier mémoire se trouve dans la *Bibliothèque de l'École des chartes*, où il est intitulé : *Des juridictions privées ou patrimoniales sous les deux premières races*[1] ; le second, sous ce titre *Les Juridictions patrimoniales*, fait partie du grand ouvrage de l'auteur sur la *Loi salique*[2] ; le troisième, dans lequel le savant écrivain dit son dernier mot sur la question de la justice privée, forme, sous ce titre *Des Justices seigneuriales*, la seconde partie d'un mémoire lu à l'Académie des inscriptions en 1846, 1847, 1848, qui sert d'introduction au tome XXI des *Ordonnances des rois de France*[3].

---

1. *Bibliothèque de l'École des chartes*, t. II, 1840-1841, p. 97 à 114.

2. *Loi salique*, 1843. Dissertation IX, section 6, p. 583-596.

3. *Mémoire sur l'organisation judiciaire et l'administration*

Les deux premiers mémoires ne se distinguent guère l'un de l'autre que par la forme, avons-nous dit. Leurs conclusions, en effet, sont les mêmes ; mais certaines choses contenues dans le premier ne se retrouvent pas dans le second, et celui-ci en renferme, au contraire, qui manquaient dans le premier. Ainsi, des considérations exposées dans le premier mémoire sur le compagnonnage des Germains et sur la vassalité sous la première race, avec certains extraits des capitulaires de 803, 807, 815, 864, 869 et des diplômes de 772, 775, 783, 814, 815, ainsi que des textes empruntés à la loi salique, à la loi des Ripuaires et à celles des Lombards, morceaux jugés avec raison par l'auteur inutiles ou même contraires parfois à ses déductions, ont disparu du second mémoire. Celui-ci renferme, en revanche, des choses que ne contenait pas le premier travail : des observations sur l'origine de la justice seigneuriale, la mention d'une formule de Marculfe et celle de deux diplômes de 497 et 717, avec le rétablissement de la date exacte de 815 pour une charte citée souvent dans le premier mémoire sous la date fautive de 806, par suite d'une inadvertance qu'on ne s'explique pas ; correction d'autant plus nécessaire que le document — qu'il serait sans cela très difficile de retrouver — ne paraît pas

de la justice en France, depuis le commencement de la troisième race jusqu'à la fin du règne de Louis XII. — Introduction au tome XXI des Ordonnances des rois de France, 1849.

avoir le caractère que lui assigne l'auteur ; il est
bon qu'on puisse le constater. Ce n'est effectivement pas une charte d'immunité, comme semble
l'impliquer l'interprétation qu'il en donne [4], mais
une concession directe de justice, ce qui est fort
différent.

§ 48. — Le travail de Pardessus est essentiellement historique et purement scientifique, sur un
sujet qui ne pouvait plus avoir de son temps
aucune portée pratique. L'auteur y rappelle
d'abord les opinions émises en d'autres temps
sur la question de la justice privée, dans un intérêt qui alors était au contraire surtout pratique,
touchant les justices seigneuriales, dont la légitimité attaquée, dit-il, par Loyseau et Houard avait
été défendue par Montesquieu et par l'abbé de
Gourcy.

A ce sujet, Pardessus adopte la distinction
introduite par Naudet le premier (§ 44) entre la
justice seigneuriale qui fleurit, dit-il, sous la troisième race, et la justice patrimoniale qui appartient au régime en vigueur sous les deux premières races. La justice seigneuriale était, suivant
lui, fondée sur d'autres principes que la justice
patrimoniale, celle-ci ayant seulement, comme il
le dit, « donné l'idée, fourni le prétexte et préparé
« l'introduction » de l'autre. La différence entre

4. Baluze, *Capitul.*, t. II, p. 1405. — *Bibliothèque de l'École
des chartes*, t. II, p. 100 et 110. — *Loi salique*, p. 585 et 592.

ces deux régimes aurait consisté, suivant l'auteur, en ce que la justice seigneuriale s'exerçait sur tout ce qui était compris, hommes et choses, dans la circonscription de la seigneurie, tandis que, antérieurement, la juridiction patrimoniale « con- « cédée par les diplômes ne portait que sur les « domaines appartenant à l'immuniste, soit en « propre et d'une manière absolue, soit en béné- « fice et à un titre précaire et de vassalité. » Il dit en outre que « cette juridiction était incontes- « tablement fondée sur un titre de concession. »

A cette dernière déclaration tout à fait formelle, Pardessus ajoute ces considérations, que la justice dominicale ou justice domestique des Francs est le principe du régime de justice organisé dans les terres du fisc, et que cette justice des terres du fisc n'est autre que la justice patrimoniale elle-même, qui, pour les domaines privilégiés, découle de l'immunité. La concession de l'immunité, voilà donc le titre qui, suivant Pardessus, sert de fondement à la constitution de ce qu'il nomme la juridiction patrimoniale, le modèle de celle-ci étant fourni par le régime des terres du fisc. Ainsi viendrait de l'immunité, — telle est en définitive son opinion[1], — la justice privée.

1. Telle est son opinion ou au moins la forme qu'il donne à son expression ; car, en serrant de près son argumentation, on verrait qu'au fond, dans son système, le point de départ du régime de la justice privée est véritablement la justice domestique, élément essentiel de la justice domaniale ou patrimoniale (§ 71, note 1).

La conception de Pardessus est ingénieuse, mais il lui enlève lui-même toute autorité par un aveu qu'impose à sa sincérité l'étude des documents et que, dans ses deux premiers mémoires, il exprime en reconnaissant, comme l'avait fait Houard (§ 38), comme devaient le faire aussi Lehuërou (§ 52) et M. F. de Coulanges (§ 64), qu'il n'était dit formellement dans aucun texte que l'immunité eût pour accompagnement nécessaire l'institution de la justice privée au profit du privilégié et l'exercice par lui de la juridiction : « Les chartes « (d'immunité), dit-il, ne déclaraient pas d'une « manière expresse que cet exercice appartien- « drait à l'immuniste. » Mais Bignon, ajoute-t-il pour détruire ou atténuer au moins l'objection en même temps qu'elle s'offre à lui, « Bignon « n'a pas hésité à dire que ce droit était une « conséquence légale de la concession d'immu- « nité. »

L'observation n'est pas tout à fait exacte. Bignon, qui n'a d'ailleurs exclusivement en vue que l'immunité ecclésiastique, celle qui concerne les domaines des Églises, ne parle pas de conséquence légale, comme le lui fait dire Pardessus ; mais il déclare seulement, à propos du privilège octroyé ainsi aux Églises, que leurs sujets ne peuvent plus être actionnés par aucun juge, « à « nullo judice distringi possunt, » et que par là est faite à ces Églises la concession de la juridic- tion, « Quo fit ut eo nomine, in subditos jurisdictio

« eis concessa videatur[2]. » Bignon n'en dit pas davantage, et se borne à la déclaration que nous venons de reproduire (§ 26). Quant à Pardessus, il étend notablement la théorie, comme nous le montrerons tout à l'heure (§ 49), en avançant que la charte d'immunité interdit aux juges publics, non seulement de tenir leurs plaids dans le domaine privilégié, mais encore d'appeler les hommes de ce domaine devant eux ; ce qu'ils pouvaient cependant toujours faire dans des plaids tenus au dehors du territoire où ils ne devaient pas pénétrer (§ 13). Si la première proposition n'est pas inadmissible, la dernière est absolument dénuée de fondement (§§ 12, 13). Les allégations de Pardessus et les déductions qu'il en tire sont loin, on le voit, d'être irréprochables, pour ce qui regarde l'origine de la justice privée et la concession qu'il croit en trouver dans le privilège de l'immunité.

§ 49. — Nous venons de faire connaître la théorie de Pardessus touchant l'origine de la justice privée. C'est une pure conception que ne justifie nullement, il ne peut s'empêcher de le reconnaître, la teneur des documents qui, même dans son système, doivent avant tout décider de la

2. Il semblerait qu'on pût faire quelques réserves sur la signification en apparence dubitative de la forme *concessa videatur*. Mais nous avons reconnu que, sous la plume de Bignon, cette forme doit vraisemblablement avoir un sens franchement affirmatif (§ 26, note 2).

question, les chartes d'immunité. Nous avons dit comment l'auteur use de ces documents, dont il fait le fondement de sa doctrine, tout en déclarant qu'ils ne contiennent expressément rien en sa faveur. Il cite avec eux, pour la corroborer, d'autres documents encore que nous devons signaler aussi. On en trouve dans le nombre quelques-uns invoqués déjà par ses devanciers, dont il adopte généralement les appréciations en ce qui les concerne.

A prendre dans leur ensemble les documents assez nombreux sur lesquels Pardessus s'appuie dans son argumentation, il est bon de signaler d'abord ce fait que, sur vingt-sept titres notamment cités dans ses deux premiers mémoires, huit donnés dans le premier seulement ne reparaissent pas dans le second et deux figurent exclusivement dans ce dernier. Six de ces vingt-sept titres, sous les dates de 497, 772, 775, 783, 814, 846, sont de simples chartes d'immunité, ne contenant pas autre chose que la formule du privilège, sans aucune concession de juridiction, ainsi que l'auteur l'a reconnu ; les autres sont des édits ou capitulaires et des diplômes divers.

Touchant les chartes d'immunité, Pardessus résume comme il suit, conformément à ce que nous venons d'exposer, l'appréciation qu'il en fait. Les chartes d'immunité contiennent, dit-il, « la défense « aux juges ordinaires d'exercer des actes de juri- « diction dans les domaines concédés (par le roi),

« d'appeler en jugement devant eux et de pour-
« suivre les hommes qui y habitaient » ou « qui
« en dépendaient[1]. » Il y a là deux assertions distinctes. Pour la première, ce n'est pas assez de dire
que les chartes d'immunité défendent aux juges
ordinaires d'exercer des actes de juridiction dans le
domaine privilégié ; il faut dire, pour rendre exactement la nature de l'interdiction formulée dans
ces chartes, qu'elles défendent aux juges ordinaires d'entrer dans ce domaine pour y exercer
une fonction quelconque, soit fiscale, soit administrative, soit judiciaire, pour y tenir leurs plaids
notamment. Quant à l'autre allégation, il est
absolument inexact, nous le répétons, de dire,
comme le fait Pardessus, que les chartes d'immunité défendaient aux juges ordinaires d'appeler en
jugement devant eux et de poursuivre les hommes
de l'immunité, c'est-à-dire leur interdisaient — il
s'exprime encore ainsi — « l'exercice de la juri-
« diction ordinaire » sur ces hommes. Les témoignages abondent pour prouver au contraire que les
juges publics, les juges ordinaires, *judices publici*,
pouvaient appeler et faire comparaître devant
eux, mais dans des plaids nécessairement tenus
au dehors du territoire privilégié, les hommes qui
l'habitaient et l'immuniste même, le maître, le
seigneur ; celui-ci étant obligé d'y répondre et
pour lui-même et pour eux, en cas de besoin, ou

1. *Bibliothèque de l'École des chartes*, t. II, 1840-1841, p. 98.
— *Loi salique*, 1843, p. 583.

de les y amener, ainsi que nous l'avons rappelé au commencement du présent travail (§§ 12, 13, 16, 18, 19).

Pour ce qui est des textes empruntés à divers documents autres que les chartes d'immunité, Pardessus, comme les auteurs qui l'ont précédé, en cite beaucoup qu'il n'interprète pas toujours, non plus que ses devanciers, très exactement[2]. Il rappelle ainsi divers titres des VIe, VIIe, VIIIe et IXe siècles, notamment un diplôme de Chilpéric II, 717, déclarant que toute terre concédée par le fisc a droit à l'immunité, « omnis fiscus « concessus hoc (immunitatis privilegium) habeat « concessum ; » l'édit de Childebert de 595 mentionnant les *fidelium termini;* des titres de 615, 755, 775, 779, 819, où les locutions *justitiam facere, reddere, percipere* sont employées pour qualifier les actes accomplis par les grands possesseurs et leurs agents ou officiers ; un texte de 802 mentionnant l'exercice de la justice par ces agents, *judicium exercentes;* le capitulaire de 806 (ou 810 ?), où se trouve la locution *justitiæ in vita*, qu'on interprétait comme impliquant l'exercice de la justice criminelle ; des titres de 803, 847, 864 signalant le rôle de police des agents du possesseur, *reum distringere, reum judici publico reddere;* d'autres,

2. Nous avons en toute circonstance recouru au texte même des documents que cite Pardessus et pu ainsi contrôler toujours, compléter souvent les emprunts qu'il leur fait, et rectifier parfois les appréciations qu'il en donne.

de 815 et 844, où l'on peut reconnaître la distinction des causes jugées par les comtes de celles qui sont laissées au jugement du possesseur et de ses officiers; un diplôme de 796 mentionnant l'exercice de la *justitia familiaris*[3] par ceux-ci; deux diplômes de 815 et 823, portant concession de la juridiction, une *notitia* de 870 d'un *placitum* tenu par les agents, *missi*, d'un évêque.

On s'explique assez bien quel parti peut tirer de ces documents Pardessus, dans son système, en cherchant à les expliquer d'une manière favorable à son opinion. Pour ce qui est du diplôme de Chilpéric II, 717, déclarant que toute terre concédée par le fisc a droit à l'immunité, les données d'un pareil document, combinées avec l'idée préconçue que l'immunité emporte concession de juridiction, procurent à Pardessus un vaste champ à l'application de sa théorie. L'édit de Childebert de 595, désignant, suivant lui, sous la forme *fidelium termini* les bénéfices concédés aux fidèles du roi, l'édit lui-même « suppose, » dit-il comme d'autres l'avaient déjà dit avant lui, « l'existence « de juridictions privées sur ces domaines. » Pardessus est ainsi amené à expliquer, comme ses devanciers, dans le sens de juger, *judicare*, les

---

3. La *justitia familiaris* mentionnée dans le diplôme de 796 donné par Charlemagne à l'église du Mans n'est pas signalée en ces termes dans les emprunts que fait Pardessus à ce diplôme. Cette omission d'un texte aussi important pour le sujet en question ne saurait passer inaperçue.

locutions *justitiam facere, reddere, percipere*, qu'il trouve dans des titres de 615, 755, 775, 779, 819, où ils servent à qualifier les actes accomplis par les grands possesseurs et leurs agents ou officiers. Nous avons expliqué précédemment que, si la forme *justitiam facere* signifie quelquefois juger, *judicium facere*, elle n'implique pas nécessairement que la juridiction dont elle exprime ainsi l'exercice soit le résultat de l'immunité (§§ 13, 14); mais nous avons montré en outre que souvent *justitiam facere* signifie simplement *judicatum*, ou *rectum facere;* que cette forme de langage a notamment toujours ce sens dans les locutions complexes *justitiam percipere et reddere* ou *facere*, exprimant l'idée que les agents du possesseur doivent, suivant les cas, ester pour lui ou pour ses hommes en justice, soit comme demandeurs, soit comme défendeurs, ou bien comme chargés de recevoir ou de payer la *compositio;* et qu'elle correspond ainsi à une situation passive, et non active comme le croit avec beaucoup d'autres Pardessus, à la situation de justiciable et non à celle de juge, dans les actes concernant l'exercice de la juridiction (§ 14). L'observation faite à propos de la forme de langage *justitiam facere*, dans les cas où elle signifie juger, s'applique également à celle de *judicium exercere*, laquelle, dans le titre de 802, n'est pas davantage la preuve qu'il s'agisse en cela de l'exercice d'une juridiction qui résultât de l'immunité (§§ 13, 14).

Pardessus mentionne, avons-nous dit, avec ces titres relatifs, suivant lui, à la juridiction engendrée par l'immunité, le capitulaire de 806 (ou 810?), où la locution *justitiœ in vita* avait paru à d'autres déjà, comme il le rappelle, à Montesquieu (§ 33), à Mably (§ 36), à Gourcy (§ 42), indiquer spécialement l'exercice de la juridiction criminelle; conclusion vers laquelle il paraît incliner aussi, mais sans le dire formellement cependant.

Sur ces divers textes, Pardessus a pu être trompé comme ses devanciers par les apparences. Comment a-t-il pu se méprendre sur le sens de quelques autres parmi ceux qu'il cite encore à divers points de vue, avec ceux-là, en faveur de sa thèse? Tels sont les titres notamment de 803, 847, 864, relatifs au rôle des officiers de l'immunité, *reum distringere, reum judici publico reddere*, où Pardessus reconnaît lui-même le caractère subordonné de l'agent du possesseur privilégié et la persistance de l'exercice de la juridiction par les juges publics, sans tirer de là les conséquences qui ressortent de ce fait contre sa propre théorie.

Comment d'autres documents, qu'il cite également, ne l'éclairent-ils pas sur la situation vraie qui résulte de cette coexistence de la justice publique exercée par les comtes et d'une justice particulière d'ordre inférieur réservée au possesseur et à ses officiers? Tels sont les textes de 815 et 844, qui consacrent la distinction de deux juridictions et celle des causes qui en relèvent, les causes d'ordre supérieur, dont la connaissance appartenait au juge public, au comte, les causes d'ordre inférieur laissées généralement aux mains des possesseurs et de leurs agents (§ 12); tel est surtout le diplôme de 796, mentionnant l'exercice de la *justitia familiaris* qu'il ne semble pas y avoir assez remarqué, et qui désigne si clairement dans une des phases de son développement cette juridiction inférieure.

Quant aux deux diplômes de 815 et 823, portant ou impliquant concession de la juridiction, on ne saurait les confondre avec de simples diplômes d'immunité où l'on ne trouve jamais, quoi qu'on en dise, rien de semblable (§ 70, note 1). Ces concessions de juridiction, qui commencent de bonne heure, seraient plutôt que celle de l'immunité la source première de la justice privée, si l'on n'avait pas de celle-ci des traces plus anciennes dans la juridiction restreinte des possesseurs jugeant de toute ancienneté les causes d'ordre inférieur, les causes laissées à la *justitia familiaris* (§§ 12, 71).

Le plaid tenu en 870 par les agents d'un évêque peut se rattacher à l'exercice de la justice privée, constituée dans une quelconque de ces conditions, sans qu'il soit nécessaire de faire intervenir dans son institution le privilège de l'immunité (§ 13).

Pardessus, au cours de ses deux premiers mémoires, fait entrer dans sa discussion les textes que nous venons de signaler, mais en leur don-

nant souvent, comme nous l'avons dit, une signification qu'ils n'ont pas. Il en tire des arguments,
dont la valeur est par conséquent contestable, en
faveur de la thèse que l'immunité impliquerait la
substitution de la justice privée à la justice
publique dans les domaines investis du privilège.

A les examiner de près, on n'y voit rien de
semblable. Qu'y voit-on en effet? La mention, il
est vrai, de ce fait que le régime de l'immunité
suit la concession de tout domaine du fisc; mais
le rappel ensuite de la juridiction ordinaire des
comtes ou juges publics, et la preuve qu'ils ne
cessent pas de l'exercer sur les hommes de l'immunité. On y voit que, de leur côté, les grands
possesseurs et les agents chargés par eux d'ester
en justice soit comme demandeurs, soit comme
défendeurs, pour le maître et ses hommes, ont l'obligation de se soumettre pour eux au verdict des
juges publics, tout en exerçant eux-mêmes, dans
certains cas, pour le maître une juridiction propre,
d'ordre inférieur vraisemblablement, la *justitia
familiaris*. On y reconnaît enfin que, si l'on trouve
parfois le privilégié en possession de la juridiction
tout entière, c'est non pas plus ou moins indirectement en vertu de l'immunité, mais directement
en raison de concessions formelles dont on a de
bonne heure des exemples et qui se multiplient
avec le temps[4].

Tout cela s'accorde parfaitement avec ce que

4. *L'Immunité*, 1882, § 8.

nous avons dit précédemment du régime ordinaire et général de la justice, en tenant compte des conséquences du régime particulier de l'immunité (§§ 12, 13). Ces considérations confirment en outre l'observation faite à cette occasion que l'exercice par les juges privés d'une juridiction propre, dans les domaines pourvus de l'immunité, ne prouve pas que cette juridiction vienne de ce privilège (§ 13).

§ 50. — Nous pouvons maintenant nous faire une idée de ce que sont, d'après ses deux premiers mémoires, les opinions de Pardessus touchant les origines de la justice privée et le rôle qu'il y assigne à l'immunité. Il nous reste maintenant à dire deux mots de son troisième mémoire sur ce sujet, celui qui fait partie de l'introduction au tome XXI des *Ordonnances des rois de France*. C'est là que doit naturellement se trouver son dernier mot sur la question.

On ne saurait douter, après avoir lu ce travail, que le savant auteur ne se soit définitivement arrêté à l'idée que l'exercice de la juridiction était pour le privilégié la conséquence de l'immunité. Celle-ci était, dit-il, l'exemption de la juridiction commune, exemption toujours concédée avec le bénéfice. Pas plus qu'auparavant, il ne tient compte de ce fait incontestable, méconnu cependant par lui dans ses premiers travaux, que les hommes du grand possesseur, doué même de l'immunité, continuaient à répondre par l'intermédiaire de celui-ci ou de ses officiers, sinon par eux-mêmes au tribunal du comte ou juge public. Ses conclusions sont accompagnées de la déclaration que le fief et la justice ont pu, comme le veut Montesquieu, être unis dans le principe, contrairement à l'adage : « fief et justice n'ont rien « de commun, » ce que Loysel, dans ses *Institutes*, rappelle en ces termes : « autre chose est le fief, « autre chose est la justice. » Pardessus accepte l'opinion de Montesquieu pour les temps anciens, tout en tenant compte, pour les temps ultérieurs, de l'adhésion donnée au fameux aphorisme par la plupart des feudistes pour en faire le fondement de leurs doctrines sur ces matières. Nous mentionnons le fait, bien qu'il ne se rattache que d'une manière indirecte à notre sujet, pour montrer avec quels tempéraments frisant la contradiction Pardessus se prononce quelquefois sur les questions qui s'offrent à son examen. Il donne un notable exemple de cette manière de procéder à propos du problème, qui nous occupe, de l'origine de la justice privée et de la part qu'on y a souvent assignée à l'immunité. Pardessus revendique ce rôle contestable pour l'immunité, tout en reconnaissant que les chartes les plus anciennes qui confèrent ce privilège n'en disent rien (§§ 48, 70).

§ 51. — Le problème des origines de la justice privée a longtemps préoccupé Pardessus. De 1840 à 1849, il a écrit, comme on l'a vu, plusieurs mémoires sur ce sujet. Nous avons fait connaître

les arguments qu'il invoque dans ses discussions
à ce propos. En résumé, la justice privée, la
justice patrimoniale, comme il l'appelle d'après
Naudet, dérive suivant lui de la justice dominicale
ou justice domestique des Francs. Cette justice
dominicale ou patrimoniale est le régime propre
des terres du fisc, et devient par suite celui
des bénéfices constitués par la donation de ces
domaines. Pour ce qui est de l'immunité, tout en
reconnaissant qu'elle ne contient originairement
aucune disposition constitutive de la justice privée, Pardessus déclare néanmoins qu'elle a pour
conséquence légale l'institution de celle-ci; opinion
qu'il attribue à Bignon, dont il force quelque peu
en cela les conclusions. Il fait enfin de ce privilège la forme dans laquelle les grands possesseurs
entrent en jouissance de la juridiction (§ 48).

En définitive, Pardessus, d'après les conclusions
énoncées dans son dernier ouvrage, doit être mis
au nombre de ceux au jugement de qui l'immunité engendre la justice privée, analogue à celle
du fisc à laquelle il reconnaît pour origine la
justice domestique des Francs.


## XVIII. Lehuërou.


§ 52. — Lehuërou, presque en même temps
que Pardessus, traite la question de l'immunité et
des origines de la justice privée dans son livre
des *Institutions carolingiennes*, publié en 1843. Il

énonce à ce sujet des idées qui, malgré des diffé-
rences essentielles, ne sont pas sans analogie en
certains points avec celles que le précédent auteur
émettait à la même époque sur ces matières.

La justice privée, dans le système de Lehuërou,
doit beaucoup au développement de certaines conséquences de l'immunité, mais elle prend ailleurs,
croit-il, son origine. Elle a, suivant lui, pour fondement ou point de départ la justice domaniale,
attribut naturel de toute propriété, la justice
domestique des Germains, dont le capitulaire *de
villis* fournit, dit-il, une sorte de traité. Ces origines germaniques de l'institution avaient été
entrevues par Montesquieu (§ 31), dont l'opinion,
combattue par Mably (§ 35) et par Gourcy (§ 41),
reparaît dans les écrits de Naudet (§ 44) et de
Pardessus (§ 48). La justice domaniale était exercée par le possesseur, par le maître, *patronus,
dominus*, en vertu de son *mundium* sur les hommes
de sa dépendance. Elle avait pour compétence le
règlement des petites affaires, *causæ minores*, et
ne s'étendait pas au delà des limites du domaine
et des intérêts de ses hommes (§ 12).

Quant à l'immunité, privilège concédé par le
souverain, elle ne contient — Lehuërou le reconnaît comme Houard (§ 38) et sauf réserves Pardessus (§ 48) avant lui, comme M. F. de Coulanges
(§ 61) ultérieurement aussi — aucune disposition
qui confère la juridiction ; mais, en interdisant
l'entrée du domaine aux juges publics, elle pro-

cure, dit-il, à la juridiction domaniale c'est-à-dire
aux officiers du possesseur chargés de l'exercer,
et d'une manière générale à ce dernier, une pré-
cieuse indépendance, grâce à laquelle les droits
et attributions qui leur appartenaient déjà prennent graduellement un notable développement.

Lehuërou paraît croire en même temps, à en
juger par la manière dont il s'exprime, que dans
la concession d'immunité il s'agit d'un affranchissement de ressort pour la juridiction du juge
privé, subordonnée sans cela, suivant lui, à celle
du comte ou juge public. « L'immunité était, dit-il,
« non la concession d'une juridiction patrimoniale
« et domestique, puisque le propriétaire en était
« déjà investi ; mais une exemption perpétuelle
« de la juridiction du comte, à laquelle les justices
« seigneuriales restaient toujours sujettes, à moins
« que le prince ne renonçât formellement à son
« droit, en accordant l'immunité. Mais, ajoute-t-il,
« l'objet de la concession de l'immunité était de
« placer le propriétaire et sa propriété sous son
« mundeburd (la mundeburde du roi). » En conséquence, dit-il encore, « les justices seigneuriales
« qui ressortissaient au tribunal du comte... ne
« ressortissent que du tribunal même du roi. »

Lehuërou voit juste quand il dit que l'immunité
ne confère pas de juridiction au privilégié. Il est
moins bien inspiré quand il avance que, par la concession du privilège, le souverain exempte de
la juridiction du comte le privilégié, sa terre, et

ses hommes, qui restent dès lors sous son *mundium*, sous sa mundeburde royale, sous sa juridiction directe.

Pour ce qui est de l'exemption de la juridiction du comte ou suppression de cette juridiction, le privilège d'immunité ne dit rien de semblable. Touchant le rôle des juges publics, il se borne à leur interdire d'entrer dans le domaine privilégié afin d'y exercer les actes ordinaires de justice, de police, d'administration et autres qui étaient dans leurs attributions, et d'y commettre les exactions qu'ils s'y permettaient trop souvent. Quant à la substitution de la juridiction du roi à celle des juges publics, en raison de la mundeburde royale instituée avec l'immunité, nous rappellerons, pour ce qui la concerne, ce que nous avons dit précédemment de cette mundeburde royale, dont l'adjonction au privilège de l'immunité est stipulée dans quelques chartes, en très petit nombre du reste. Nous avons montré qu'il ne s'agit nullement en cela de la mundeburde royale originaire, laquelle soustrayait absolument le privilégié à toute juridiction autre que celle du roi (§ 15), mais seulement d'un régime de mundeburde profondément modifié, en vertu duquel le privilégié avait simplement la faculté de réclamer exceptionnellement, dans certains cas, le jugement au *palatium*, au lieu du jugement au *mallum* (§ 16). Dans ces termes, le privilège de la mundeburde royale est loin de permettre l'interprétation de caractère absolu que Lehuërou lui donne.

On ne peut donc pas dire, comme le fait Lehuërou, que le privilège d'immunité ait eu pour objet de supprimer la juridiction du comte, à laquelle aurait été subordonnée jusque-là celle du possesseur et de ses agents, pour la remplacer par la juridiction du roi, avec cette conséquence que l'immunité consacrait « la souveraineté des jus« tices seigneuriales qui dans l'état normal..... « ressortissaient au tribunal du comte et qui, « dans l'état exceptionnel créé par l'immunité, « ne ressortissaient que du tribunal même du « roi....., » le privilégié se trouvant dès lors en possession d'une « juridiction absolue, sans res« trictions et sans limites, puisqu'elle s'étendait à « tous les cas, à tous les lieux, à tous les temps, « et n'était soumise à aucun contrôle, sauf celui « du roi en personne. » On ne saurait non plus ajouter, avec l'auteur, que « la terre privilégiée « était soustraite à la juridiction ordinaire du « comte pour tous les cas sans exception et pla« cée directement sous la direction spéciale et le « *mundium* du roi. »

Ces déductions sont certainement exagérées. Elles laissent intactes, du reste, les conclusions essentielles du système de Lehuërou sur la justice privée et l'immunité, savoir que la justice privée n'est autre chose que la justice domaniale, attribut naturel de la propriété, et que l'immunité, laquelle trouve le possesseur en jouissance de cette juridiction inférieure, n'emporte concession d'aucune autre en sa faveur.

§ 53. — Nous venons de signaler quelle est, suivant nous, la part de la vérité dans le système de Lehuërou sur la justice privée et l'immunité. Nous ne répéterons pas, à cette occasion, ce que nous avons dit précédemment sur le même sujet d'après la teneur des documents (§§ 12, 13). Quant à ce qui nous semble inacceptable dans le système de l'auteur, le caractère de ressort supérieur qu'il donne à la juridiction du comte sur celle du possesseur ou du juge privé, son agent, et la suppression absolue de cette juridiction du comte, avec l'introduction à sa place de celle du roi, nous ne pouvons voir là qu'une conception toute gratuite pour le premier point, une inadvertance pour le second, et pour le troisième une erreur. Il est bon de montrer comment Lehuërou essaie de justifier ces opinions.

Touchant le premier point, le caractère de ressort supérieur de la juridiction du comte sur celle du possesseur, Lehuërou a dû forcer, dans l'expression au moins, ses conclusions sans voir en quelque sorte où elles le conduisaient ; car il les établit sur des textes et des appréciations qui concernent simplement la compétence distincte de deux juridictions différentes, celle du souverain et celle du possesseur, chose sur laquelle tout le monde est d'accord et qu'on ne saurait confondre avec la subordination de ressort de

l'une par rapport à l'autre. Il s'agit de la juridiction du seigneur sur son homme et de celle du roi
sur tous deux en cas de différend[1]. « Charles le
« Chauve retient, dit-il, jusqu'à la dernière extré-
« mité le droit de relever l'appel des juridictions
« seigneuriales. » — « Il est bien constant, dit-il
« encore, que la compétence des justices seigneu-
« riales était limitée ; et cela suffirait pour mon-
« trer qu'elles n'étaient pas souveraines, c'est-à-
« dire indépendantes et sans appel. » Il ne serait
nullement superflu de fournir, en plus de ce rai-
sonnement, des preuves que la juridiction du possesseur était soumise en appel à la juridiction du
comte ; car telle est la question. C'est ce que ne
fait pas l'auteur, qui se borne à rappeler les
limites assez étroites de la compétence assignée à
la juridiction patrimoniale et l'étendue au contraire
presque illimitée de celle du roi. Il montre celui-ci
maître absolu d'agir par ses officiers sur le possesseur, soit pour l'obliger à faire justice, *justitiam
facere*, ce qui, d'ailleurs, ne signifie pas toujours
juger (§ 14), soit pour décider entre lui et ses

1. « Et si aliquis episcopus, abbas aut abbatissa, vel comes
« ac vassus noster suo homini contra rectum et justitiam
« fecerit, et se inde ad nos reclamaverit, sciat quia sicut
« ratio et lex atque justitia est hoc emendare faciemus. » —
Caroli Calvi titul. XL, an. 869. Adnunciatio Caroli regis,
c. 2. — Baluze, *Capitularia*, t. II, p. 215. — Il s'agit, ce
nous semble, dans ce texte, non pas de la réforme d'un
jugement par voie d'appel, mais de la réparation d'un tort
ou de la répression d'un abus qualifié « contra rectum et
« justitiam facere. »

hommes en cas de plaintes de ceux-ci contre lui, indépendamment du droit du roi de juger, quand il y a lieu, les causes de ceux qu'il a reçus dans sa *commendatio* et sous sa mundeburde. Rien dans tout cela ne justifie le prétendu ressort de la justice du comte sur celle du possesseur, c'est-à-dire la connaissance en appel par le premier des causes déjà jugées par le second.

Pour le second point, la suppression absolue de la juridiction du comte en conséquence de l'immunité, Lehuërou cite les textes qui précisément servent de fondement à l'opinion contraire, celle de l'exercice persistant de la juridiction du comte en dépit de l'immunité et non pas, comme conséquence de celle-ci, la suppression de cette juridiction. — « Que les hommes ingénus, dit-il, qui « demeurent sur la terre (douée de l'immunité) « soient tenus nonobstant de répondre devant « nos juges (les comtes) de leurs négligences sur « les trois points que voici : 1° l'ost, c'est-à-dire « notre ban, lorsqu'il a été publié; 2° les gardes « d'obligation; 3° les travaux des ponts. » — « Que les voleurs réfugiés dans une immunité « soient présentés au plaid du comte. » — « Si « quelqu'un commet un vol, un homicide ou tout « autre crime, et qu'après l'avoir commis il se « réfugie dans l'immunité..., le comte est auto- « risé à envahir l'immunité à main armée après « trois refus consécutifs de livrer le coupable[2]. »

2. Le premier de ces trois textes est emprunté par l'auteur

Ces textes montrent la juridiction du comte s'exerçant sur les hommes de l'immunité et parfois dans le territoire privilégié lui-même. Pour échapper aux conclusions qu'impose leur signification réelle, Lehuërou veut n'y voir que des exceptions, des réformes, des améliorations introduites après coup, suivant lui, pour corriger les inconvénients reconnus du régime de l'immunité ; des variations de législation sur la matière ; source de contradictions apparentes, dit-il. Leur signification est, croyons-nous, tout autre. Telles sont les objections que nous avons à faire valoir contre la proposition de Lehuërou que l'immunité avait supprimé absolument la juridiction du comte sur les hommes et les choses couverts par le privilège.

Le troisième point, ce nous semble inadmissible dans la conception de Lehuërou, est la substitution absolue de la juridiction directe du roi à celle du comte dans l'immunité, « la terre privilégiée « étant, dit l'auteur, soustraite à la juridiction « ordinaire du comte, pour tous les cas sans « exception, et placée directement sous la pro-

---

à un diplôme de l'an 775 donné par D. Bouquet (*Recueil des hist.*, etc., t. V, p. 727). Le second texte est une interprétation inexacte, ce nous semble, de l'art. 9 d'un capitulaire de 779 cité précédemment avec l'article 195 du livre V des *Capitularia* (§ 13, note 1), et qui serait plutôt d'accord avec notre explication du texte suivant, le troisième texte, fourni par un capitulaire de l'an 803 que nous avons cité également (§ 13, note 2).

« tection spéciale et le *mundium* du roi. » Nous avons répondu tout à l'heure à cette proposition (§ 52), en disant qu'elle repose sur une exagération évidente de l'interprétation donnée par Lehuërou à la mundeburde royale, privilège associé dans quelques diplômes, en petit nombre, à celui de l'immunité, et qu'il a d'ailleurs le tort de considérer dans ce cas comme ayant tous les caractères du régime de la mundeburde à son origine. Pour la discussion détaillée de cette question, nous avons renvoyé et nous renvoyons encore à l'exposition que nous en avons faite précédemment en parlant de la mundeburde elle-même (§§ 15, 16).

A ses conceptions principales sur le caractère de l'immunité et sur les origines de la justice privée, Lehuërou en ajoute accessoirement d'autres, qui s'y rattachent, touchant la justice palatine et la justice féodale, auxquelles il n'est pas de notre sujet de nous arrêter.

§ 54. — Avant de quitter Lehuërou, résumons en quelques mots sa doctrine. Pour ce qui est de la justice privée, de la justice seigneuriale, il la rattache par ses origines à la justice dominicale ou domaniale, c'est-à-dire patrimoniale, attribut de toute propriété, ajoutant que ses éléments fondamentaux appartiennent en principe à l'ancienne Germanie. Cette dernière idée avait été formulée déjà par Montesquieu, combattue ensuite par Mably et Gourcy, puis rappelée dans les écrits de Naudet et de Pardessus (§ 68, note 2).

Quant à l'immunité, elle n'a, suivant Lehuërou, produit aucune juridiction. Son unique résultat aurait été, dans son système, « d'imprimer un « caractère de souveraineté et d'indépendance « (mais) vis-à-vis de la justice du comte seule- « ment à la justice privée, » à la juridiction du possesseur, placé en même temps avec ses terres et ses hommes sous celle du roi, en vertu de la mundeburde royale dont la concession accompagne celle de l'immunité; adjonction dont on a des exemples, il est vrai, mais qui était assez rare, bien loin d'avoir été constante, nous l'avons fait remarquer (§ 15).

Lehuërou, on le voit, doit être rangé parmi ceux qui refusent à l'immunité d'avoir engendré la justice privée, et qui reconnaissent au contraire les origines de celle-ci dans un attribut du droit de propriété.

## XIX. Championnière.

§ 55. — Championnière est l'auteur de travaux qui, sur la question de la justice privée, se placent chronologiquement après ceux de Lehuërou. Dans son livre *De la propriété des eaux courantes*, publié en 1846, l'auteur est naturellement amené à parler des institutions seigneuriales auxquelles se rattache ce qui concerne la justice privée. Il ne touche cependant à celle-ci que par quelques points. Il s'applique d'abord à démontrer que ce qui, dans les documents, est appelé *justitiæ* et généralement apprécié comme concernant l'exercice d'une juridiction, est en réalité chose toute différente. Il énonce ensuite ses vues sur l'origine des juridictions particulières qui constituent la justice privée proprement dite.

Les *justitiæ* sont, dit Championnière, des droits purement fiscaux qui font, sous le nom de *jus fisci*, l'objet d'une donation jointe ordinairement à la concession d'immunité. Telle était l'opinion des légistes du XIIIᵉ siècle qui déduisaient en outre de cette donation du *jus fisci* la mise en possession de la juridiction au profit du privilégié dans les conditions de la justice privée (§§ 22, 23). Championnière cependant ne tire pas de là cette conséquence. S'il insiste sur ces particularités, c'est uniquement pour établir sur ce fondement la distinction de la justice, *justitia, justitiæ*, et du fief, point capital de sa théorie et objet essentiel de son ouvrage. Il passe ainsi, sans s'y arrêter, à côté de l'immunité, dans l'appréciation qu'il fait des *justitiæ* et de leur concession avec celle de ce privilège.

Il ne s'arrête pas davantage aux origines de la justice privée, dont le sujet le ramène encore par un détour assez singulier à l'immunité. Voici comment. La justice privée vient, suivant lui, du droit de toute corporation d'administrer la justice à ses membres, conformément dit-il aux usages germaniques, où tout homme libre avait le droit de se faire justice lui-même. De là, le régime des *compositiones* et des *freda*, par suite des premiers essais de régularisation de ce droit primordial, transporté de l'individu à la corporation à laquelle il appartenait, sous la supériorité et l'action prépondérante du chef de cette corporation, tribu, association, ghilde ou séniorat.

Ainsi a pu, dit Championnière, se constituer la justice privée dans quelques immunités, mais non dans toutes. « Toutes les immu- « nités, ajoute-t-il à cette occasion, n'étaient pas « constituées en confédération; cette condition « du moins ne se manifesta pas dans toutes ; elle « ne comprit pas même tous les habitants des « terres enclavées dans le territoire de l'im- « mune..... D'un autre côté, l'immune conces- « sionnaire des droits du comte exerça deux jus- « tices : l'une dérivant de la confédération qu'il « avait établie sur l'immunité, l'autre qu'il tenait « de la concession royale ; chacune ayant son « caractère, sa compétence et ses justiciables « propres et particuliers. » L'association ecclésiastique possède au même titre sa justice particulière, développée ultérieurement dans ce qu'on appelle les *Cours de chrétienté*. L'association communale possède aussi la sienne. On trouve dans ces institutions « les mêmes pouvoirs, les mêmes « règles, les mêmes éléments, et au fond le même « caractère essentiel, l'association. »

L'association, tel est, dans ce système, le

régime qui, sous toutes les formes, donne naissance à la justice privée. On ne peut ne pas être frappé de la singularité et de l'originalité de cette doctrine si différente de celles dont nous avons eu à rendre compte jusqu'ici sur ce sujet. Elle ne diffère pas moins de celles dont il nous reste à parler encore. Il est impossible du reste d'y voir autre chose qu'une appréciation toute personnelle, une conception de légiste. Le livre de l'auteur est abondamment pourvu de citations de textes originaux ; mais, dans les quelques pages consacrées à l'exposition de ses idées touchant la justice en particulier, il ne s'en trouve à peu près aucune.

§ 56. — Résumons, avant de passer outre, la théorie de Championnière sur les origines de la justice privée, et sur l'immunité. Le fondement de la première est, suivant lui, l'association, et la seconde ne concourt à son organisation que par la constitution exceptionnelle de groupements de ce genre, dans le sein de quelques-uns seulement des domaines investis de ce privilège. Ce résultat n'a pas, on le voit, suivant l'auteur, un caractère général dans le régime de l'immunité, et il ne procède même d'aucune particularité essentiellement propre à l'institution. Championnière ne doit donc pas être compté parmi ceux qui font venir des dispositions mêmes de l'immunité la justice privée, pas plus que parmi ceux qui la rattachent en principe aux droits inhérents à la propriété. Il ne fait aucune allusion aux considérations de ce genre.

## XX. Boutaric.

§ 57. — Boutaric succède, après un assez long intervalle, à Championnière dans l'étude des questions relatives à la justice privée. Il revient, contre les conclusions forcées suivant lui de ce dernier, à la vieille opinion que l'immunité impliquerait concession de la justice ; et il y revient, chose qui mérite d'être signalée, par les deux voies simultanément qui, l'une après l'autre, y avaient conduit ses devanciers, en tenant compte à la fois pour cela de la concession des droits du fisc (§§ 22, 23) et des interdictions formulées par l'immunité contre l'action des juges publics (§ 26).

Le sujet est abordé par Boutaric dans un travail intitulé : *Le Régime féodal, son origine et son établissement, et particulièrement de l'immunité*, imprimé en 1875 au tome XVIII de la *Revue des questions historiques*. Contrairement à ce qu'on serait en droit d'attendre de l'auteur, d'après le titre de son mémoire, il n'y dit pas grand'chose et n'y fournit que fort peu d'explications sur l'immunité en elle-même. Il se contente de présenter quelques faits isolés relatifs à son régime, sans prendre même la précaution d'avertir à cet égard que ces faits se rapportent aux conséquences éloignées et tardives de l'institution, et

nullement, comme on pourrait être tenté de le
croire d'après la manière dont il en parle, à ses
conditions premières. Ce qu'il a d'ailleurs en vue,
il le déclare, ce n'est pas la discussion à fond du
sujet, mais une simple exposition de certaines
conceptions confirmées par des textes peu nombreux, mais, croit-il, décisifs. « Je n'ai pas la
« prétention, dit-il, de donner à mes assertions
« toutes les preuves qu'elles comportent, quand
« ces assertions ne font pas intégralement partie
« de mon sujet. » Or son sujet, ce n'est, à proprement parler, ni la justice privée, ni l'immunité,
lesquelles n'y apparaissent qu'incidemment. Il
s'agit surtout, pour lui, des origines du régime
féodal. Voici comment il les explique et comment elles l'amènent à parler de la justice privée
et de l'immunité.

Le besoin de protection dans ces temps trou-
blés crée entre les hommes des liens volontaires.
Tels sont ceux de la recommandation ; et la
recommandation devient l'hommage du fiévé. Peu
à peu s'établit ainsi le régime féodal, ou plutôt,
dit-il, le régime seigneurial que caractérise la
confusion de la propriété et de la souveraineté.
La concession simultanée de l'une et de l'autre aux
Églises, c'est là suivant Boutaric l'immunité, par
laquelle le roi donne les terres du fisc en se
dépouillant en même temps de ses droits souverains sur elles. Ce privilège prodigué aux Églises
est d'ailleurs, il le reconnaît, concédé quelquefois

aussi aux laïques. L'immunité est une véritable seigneurie où le maître jouit des droits régaliens dont le roi s'est dessaisi en sa faveur, et où les officiers publics n'ont aucune autorité, ni fiscale, ni judiciaire, pas même le droit d'y entrer : situation qui implique ce lui semble pour les privilégiés en possession de l'immunité la jouissance de la juridiction. Le régime de l'immunité, ajoute Boutaric, est, à cet égard, le même que celui des terres du fisc décrit dans le capitulaire *De Villis*. Au XIII<sup>e</sup> siècle, l'existence d'une charte d'immunité suffisait pour prouver concession royale de la juridiction et assurer la jouissance du droit de haute justice.

C'est au profit de cette thèse que Boutaric cite le jugement de 1275 du prévôt de Paris, dont nous avons parlé précédemment (§§ 22, 23) ; curieux document qui nous a permis de reconnaître comment s'est introduite originairement, en remontant au XIII<sup>e</sup> siècle, de là au XII<sup>e</sup> et plus haut encore, l'opinion que la justice privée avait été engendrée par le privilège de l'immunité. Nous avons vu cette opinion bien établie au XIII<sup>e</sup> siècle sur cette conception que la justice privée était une conséquence de la concession des droits du fisc, jointe souvent à celle de l'immunité et estimée équivaloir à la concession des droits régaliens eux-mêmes, *regalia jura* (§§ 22, 23). Nous avons vu aussi comment plus tard, au XVII<sup>e</sup> siècle, cette conception abandonnée fait place à celle que la

justice privée est une conséquence de l'interdiction formulée dans le privilège contre les juges
privés, d'entrer dans l'immunité et d'y tenir leurs
plaids (§ 26). Il y a là une succession, ou au
moins une substitution d'idées très remarquable,
qui montre quel a été le mouvement des esprits
sur ces questions. Boutaric néglige tout à fait
ces vues qu'il nous aide à démêler sans paraître
même les soupçonner, et il se borne à mentionner, comme si elles se confirmaient simplement
l'une l'autre, ces deux manières différentes de
faire sortir de l'immunité la justice privée. On
connaissait l'interprétation abusive en vertu de
laquelle la concession du *jus fisci* est, non pas dans
les premiers temps, mais à la longue assimilée à
celle des *regalia jura*[1]. Quant aux conséquences
qu'on en a tirées, touchant l'exercice de la justice privée, c'est pour une bonne part à Boutaric
qu'on en doit la connaissance, avec celle des
textes si instructifs qui concernent le jugement
de 1275 du prévôt de Paris.

§ 58. — C'est donc plutôt deux fois qu'une
qu'on est fondé à ranger Boutaric parmi ceux qui
regardent l'immunité comme la source de la justice privée. Il adopte à cet égard simultanément
les deux opinions qui se sont succédé sur ce sujet :
celle qui présente la justice privée comme une
conséquence de la concession des droits du fisc,

1. *L'Immunité*, 1882, §§ 20, 21.

laquelle accompagne souvent, sinon toujours, le privilège, et celle qui la fait découler des interdictions opposées à l'action des juges publics par ce même privilège dont elles sont l'essence même.

L'immunité, suivant Boutaric, est l'abandon par le roi de ses droits souverains, les droits régaliens, aux Églises surtout, et dans quelques cas aux laïques également. A cette doctrine il rattache deux théories : celle accréditée au XIII^e siècle que l'existence d'une charte d'immunité avec abandon des droits du fisc impliquait concéssion ancienne de la haute justice, et celle introduite plus tard, au XVII^e siècle seulement, que l'exercice de la justice privée était la conséquence de l'interdiction, édictée dans la charte d'immunité contre les juges publics, d'entrer dans le domaine privilégié, et d'y accomplir aucun des actes de leur compétence ordinaire, aucun acte judiciaire notamment.

## XXI. Fustel de Coulanges.

§ 59. — M. Fustel de Coulanges, à son tour, expose ses idées sur la justice privée et sur l'immunité dans trois publications qui ont paru en l'espace d'une dizaine d'années, les deux premières sur les *Origines du régime féodal*, sous les dates de 1873 et 1874, la troisième sur l'*Immunité mérovingienne* en 1883. Le titre des deux premiers ouvrages indique le point de vue où s'était placé le savant professeur, et où il s'est maintenu jusque dans le dernier encore pour étudier son sujet. A ses yeux, l'immunité est un bénéfice et à ce titre une des institutions génératrices de la féodalité. Pour donner une idée de ce que sont, dans leurs lignes essentielles, ses conceptions, nous ne pouvons mieux faire que de renvoyer aux conclusions qu'il formule à cet égard en terminant son dernier travail.

« L'immunité, dit-il, est une faveur, un *benefi-*
« *cium*. Elle est accordée par le roi personnelle-
« ment à un homme qui d'ordinaire s'est pré-
« senté en personne. Elle ne vient qu'à la suite
« d'une demande ou prière dont mention est faite
« dans l'acte. Puis cette prière et cette faveur se
« renouvellent à chaque décès. Tous ces traits,
« qui semblent de pure forme, nous font pourtant
« saisir le lien étroit qui unit l'immunité aux
« autres institutions génératrices de la féoda-
« lité. »

« Le privilège d'immunité consiste à affranchir
« l'évêque, l'abbé ou le grand seigneur laïque de
« l'autorité administrative, soit pour la juridic-
« tion, soit pour la levée de l'impôt, soit pour la
« police locale. Elle ne détruit pas d'une manière
« générale la hiérarchie des ducs, comtes et cen-
« teniers, mais elle soustrait des milliers de
« domaines à leur autorité. »

« Elle ne supprime pas l'autorité royale; le roi
« ne renonce nulle part à ses droits, il renonce

« seulement à les faire exercer par l'intermédiaire
« de ses agents. Dès lors, il arrive que l'autorité
« royale, qui ne peut plus agir administrative-
« ment, prend le caractère d'un patronage direct
« et personnel ; le sujet n'est plus qu'un fidèle. »

« L'immunité est toujours accordée à un grand
« propriétaire foncier, évêque, abbé ou seigneur
« laïque... Tous les droits dont la royauté dessaisit
« ses agents, c'est au grand propriétaire qu'elle
« les donne... Comme conséquence naturelle de
« l'exclusion du fonctionnaire royal, le grand pro-
« priétaire devient le juge de tous les hommes
« qui sont sur ses terres, et la justice publique se
« change, dans l'intérieur des domaines privilé-
« giés, en justice privée... Toutes les obligations
« que les hommes des domaines avaient eues
« auparavant envers l'État, ils les ont désormais
« envers le grand propriétaire. »

D'après ces indications, l'immunité aurait été,
avant tout, un bénéfice, une faveur individuelle
sollicitée et renouvelée à chaque changement de
personne, soit du donateur, soit du donataire,
un privilège essentiellement personnel et viager.
« L'immunité est toujours, dit l'auteur, le privi-
« lège d'une personne... Cette concession con-
« serve toujours la forme d'un pur bienfait, et
« n'est perpétuelle que par le renouvellement
« qu'on en fait à chaque décès du concédant ou
« du concessionnaire. »

L'immunité soustrayait le privilégié et son

domaine à l'autorité des officiers publics, notamment pour la juridiction. Le roi n'en conservait pas
moins sur eux son autorité; mais il ne pouvait plus
l'exercer que directement, à titre de patronage,
c'est-à-dire en mainburnie. La mainburnie était
à peu près inséparable de l'immunité, dit ailleurs
M. F. de Coulanges. L'autorité des officiers publics étant ainsi écartée, leur juridiction passe au
privilégié, au propriétaire devenu chez lui un roi
— c'est l'expression dont se sert l'auteur. — Il
est maître absolu sur sa terre et juge de tous les
hommes qui y résident. « La justice de l'État
« cesse d'avoir entrée dans l'intérieur du domaine ;
« elle ne peut même pas entendre les débats qui
« y naissent. » Les officiers publics n'ont plus le
droit de venir y juger les hommes de l'immunité,
ni même de les appeler devant eux hors de ce
territoire. « Nous verrons, est-il ajouté, certaines
« clauses de nos diplômes qui empêchent le
« comte d'appeler devant lui les hommes du
« domaine. » Néanmoins, il a toujours le droit
de les juger quand ils ont à répondre de crimes
commis hors de ce domaine, et, dans tous les cas
où ils sont mis en cause par un homme qui lui
est étranger.

Il y a dans ce corps de doctrines quelques allégations qui ne s'accordent pas avec ce que les
documents nous apprennent de l'exercice de la
juridiction à l'époque où s'introduit l'immunité.
Nous renvoyons, pour la plupart, à ce que nous

avons dit précédemment à cet égard (§§ 12, 13, 19, 20) ; mais nous reviendrons tout à l'heure sur quelques-unes d'entre elles qui peuvent réclamer de nouvelles explications.

Nous venons de dire ce qu'est pour M. F. de Coulanges l'immunité, et comment, suivant lui, elle engendre la justice privée. Pour ce qui est de l'origine du privilège, il dit encore : l'immunité mérovingienne n'est ni romaine ni germanique dans son principe. « Il faut la prendre, ainsi « s'exprime-t-il, comme un fait qui a surgi dans « le désordre du vi[e] siècle et qui, se dévelop- « pant et prenant des formes de plus en plus « arrêtées, est devenu au viie siècle l'institution « que nous avons vue. »

§ 60. — Les conceptions de M. F. de Coulanges sur l'immunité et la justice privée sont très bien résumées par lui dans les paragraphes que nous avons empruntés tout à l'heure (§ 59) aux conclusions de son mémoire sur l'immunité mérovingienne. Nous voudrions maintenant examiner l'argumentation sur laquelle il en fonde les points principaux. Le premier de ces points est le caractère de bénéfice, *beneficium*, qu'il assigne à l'immunité, caractère auquel se rapporteraient, suivant lui[1], avec d'autres traits moins importants, deux par-

---

1. Voir la première des citations que nous empruntons au mémoire de M. F. de Coulanges en tête du paragraphe précédent.

ticularités significatives, savoir que l'immunité
est personnelle et qu'elle est viagère. Ces deux
qualités sont présentées comme essentielles, semble-t-il. Elles sont loin pourtant de se dégager
nettement de l'observation des faits, c'est-à-dire
de l'étude des textes. M. F. de Coulanges en
maintient néanmoins finalement l'affirmation à la
dernière page de son mémoire, non sans avoir
reconnu pourtant les témoignages nombreux qu'il
ne peut s'empêcher de relever lui-même dans les
documents, contre ses propres conclusions à cet
égard.

Et d'abord, pour ce qui est du caractère personnel, suivant lui, mais à ce qu'il semble plutôt
réel du privilège, « si l'on observe, dit-il, la
« teneur des diplômes, on reconnaîtra que l'im-
« munité, bien qu'elle soit accordée au nom per-
« sonnel de l'évêque ou de l'abbé, ne porte
« jamais sur sa personne, mais porte toujours sur
« les terres de l'évêché ou du couvent..... Mani-
« festement, l'immunité vise, non la personne du
« concessionnaire, mais les terres qu'il possède. »
Quant au caractère viager assigné au privilège,
M. F. de Coulanges ne peut méconnaître dans
l'immunité les preuves toutes contraires de son
évidente perpétuité. « Était-elle viagère ou perpé-
« tuelle, c'est, dit-il, ce qu'il est assez difficile
« d'établir. D'une part, les diplômes sont remplis
« d'expressions qui impliquent la perpétuité.....
« Mais, d'autre part, la série des diplômes nous

« montre que l'on faisait renouveler l'acte à chaque
« génération..... D'après la lettre des diplômes,
« l'immunité est perpétuelle ; d'après la pratique,
« il semble bien qu'elle soit révocable..... Elle
« est toujours le privilège d'une personne....., et
« n'est perpétuelle que par le renouvellement
« qu'on en fait à chaque décès du concédant ou
« du concessionnaire. »

Ces confirmations même renouvelées du privilège ne nous semblent pas avoir la portée que l'auteur leur assigne ; elles n'ont vraisemblablement
pas une signification autre que les confirmations
analogues de biens et possessions, dont on a tant
d'exemples, et d'où l'on n'a jamais pensé à
induire qu'elles infirmassent le caractère de per-
manence et de continuité du droit de propriété.
Une confirmation de ce genre était tout simplement un acte de reconnaissance, une sorte d'affirmation du fait existant. La perpétuité du privilège est d'ailleurs incontestable, et va jusqu'à
concerner non seulement les biens présentement
possédés, mais encore ceux qui seront ultérieurement acquis par le privilégié et ses successeurs :
« Possessiones quas, moderno tempore, possidet
« Ecclesia, vel ea quæ deinceps in jure ipsius
« sancti loci voluerit divina pietas augeri. » Rien
n'est plus contraire à l'idée que l'immunité soit
essentiellement personnelle et purement viagère.

M. F. de Coulanges dit encore de la concession
de l'immunité : « Il faut qu'elle ait été réelle-

« ment et expressément demandée par le conces-
« sionnaire, et le diplôme ne manque pas de
« constater que cette condition a été remplie.....
« Pourtant il n'est pas sans exemple que l'évêque
« ou l'abbé transmît sa demande par des
« envoyés. »

L'auteur ne se dissimule pas, on le voit, les réserves qu'il y a lieu de faire à ses appréciations touchant le caractère qu'il assigne à l'immunité. En réalité, l'immunité est bien, comme il le constate, une concession gracieuse du souverain accordée au privilégié par qui ou pour qui elle a été sollicitée ; mais elle est conférée à titre perpétuel, pour lui et pour ses successeurs, et attachée expressément à leurs domaines présents et futurs[2]; ce qui est loin d'en faire un privilège personnel et viager. Il est difficile de justifier par des indices aussi peu assurés le caractère de bénéfice qui permettrait de rattacher l'immunité, comme le propose M. F. de Coulanges, aux « institutions « génératrices de la féodalité. »

§ 64. — Les considérations qui précèdent sur le caractère de bénéfice attribué par M. F. de Coulanges à l'immunité portent sur les termes du préambule reproduit à peu près uniformément

---

2. On possède des actes de cession de domaines stipulant celle en même temps de l'immunité qui y était attachée antérieurement. M. F. de Coulanges lui-même en cite deux spécimens qu'il emprunte à Pardessus, *Diplomata*, n° 108, et à Rozière, *Recueil général des formules*, n° 571.

en tête de tous les diplômes de concession ou de confirmation du privilège. Ce sont là les conditions extérieures, dit-il, de l'immunité. Il passe ensuite à l'examen de ce qu'il appelle ses conditions intimes, à l'appréciation des avantages particuliers qu'elle emportait. C'est le corps même du diplôme qui lui fournit naturellement la matière de cette étude.

C'est dans cette partie de son travail que M. F. de Coulanges développe le point capital de sa théorie, à savoir que l'immunité a pour résultat la suppression de la justice des comtes ou officiers publics sur les privilégiés et sur leurs hommes, et à sa place, quant à ceux-ci, la constitution de la justice privée. Voici quelle est son argumentation à ce sujet.

Ce qui domine dans l'immunité, fait-il observer avec raison, c'est la défense à tout fonctionnaire public d'entrer sur les terres privilégiées. « C'est « ici que se trouve, dit-il, le trait principal et ce « qui fait le fond de l'immunité. Toutes les autres « clauses peuvent être supprimées ou sous-enten- « dues, et elles le sont en effet dans beaucoup de « diplômes; mais la clause qui interdit aux fonc- « tionnaires l'entrée du domaine se trouve dans « tous nos actes. Il n'y a pas d'immunité sans « elle..... *Absque introitu judicum.* Toute l'immu- « nité est comprise dans ces trois mots. » Rien n'est plus vrai que cette déclaration; mais quelles conséquences est-il permis d'en déduire? C'est là

qu'on peut errer en dépassant la portée réelle de
la proposition.

Les diplômes contiennent, pour la plupart, le
détail des actes que les juges publics se voient
interdit d'accomplir dans le domaine privilégié
où il leur est défendu de pénétrer. M. F. de
Coulanges les énumère : c'est d'entendre les procès, c'est-à-dire de juger, *causas audire;* de percevoir les fruits de la justice et des impôts, *freda
aut tributa exigere;* de saisir des répondants,
*fidejussores tollere;* d'exercer contrainte sur les
hommes, *homines distringere;* de prendre gîte et
fournitures, *mansiones vel paratas facere;* d'opé-
rer des perceptions abusives et illicites, *nec ullas
redhibitiones aut illicitas occasiones requirere.*

S'attachant avant tout à l'objet de la première
interdiction, celle d'entrer dans le domaine privilégié pour y juger, *causas audire,* M. F. de Coulanges établit d'abord qu'il s'agit en cela de toute
justice, aussi bien au civil qu'au criminel, dont
l'exercice enlevé au juge public passe nécessairement, suivant lui, au possesseur : « Le juge
« public disparu, il ne reste, dit-il, dans l'inté-
« rieur du domaine que le propriétaire. Il jugera
« donc forcément..... ou par lui-même ou par
« ses agents. » L'officier royal « n'a plus aucune
« juridiction sur les hommes du domaine privi-
« légié, et toute action judiciaire sur eux lui est
« devenue impossible. » Voilà comment M. F. de
Coulanges arrive à cette conception que la juri-

diction est enlevée par l'immunité au juge public et donnée au propriétaire du sol. « Il est bien « vrai que les diplômes ne le disent pas, » l'auteur ne peut se défendre de le reconnaître en ces termes — Houard (§ 38), Pardessus (§ 48), Lehuërou (§ 52) l'avaient déjà reconnu et déclaré aussi — « mais, ajoute-t-il, les diplômes n'avaient « pas besoin de le dire. »

Cette déclaration suffirait pour prouver que dans la conception de M. F. de Coulanges, il y a un peu plus que ce que contiennent les textes. Il annonce cependant qu'il veut les serrer de près. « Il faut, dit-il, nous tenir au texte littéral des « diplômes. Ils ne disent pas... le juge royal ne « jugera jamais... Ils disent... le juge royal n'en-« trera pas dans les domaines (privilégiés)... pour « rendre la justice. Ne dépassons pas nos textes; « ils ne parlent que de la justice qui serait à « rendre dans l'intérieur du domaine. Ils ne « veulent pas dire que l'immunité et ses hommes « échappent pour toutes sortes de procès et de « délits à la justice du comte..... Dès lors, quels « peuvent être les cas où cette juridiction dispa-« raît? » En posant cette question, M. F. de Coulanges sort, sans paraître s'en apercevoir, de la teneur des textes à la lettre desquels il voulait, avec raison, se tenir.

Dans ces textes, en effet, il est question, nous le rappellerons, non pas des cas où le juge public peut ou bien ne peut pas juger, mais des lieux où il lui est interdit de le faire ; savoir, les lieux situés dans l'intérieur du domaine privilégié. Les diplômes ne disent pas autre chose à ce sujet. La nature des causes n'est ici nullement mise en question [1]. L'auteur dit encore que « les diplômes « et les formules n'ont pas un mot qui implique « que les habitants du domaine devront se rendre « au tribunal du comte ; » à quoi il eût pu ajouter qu'ils n'ont pas un mot non plus impliquant qu'ils ne dussent pas le faire. Ils le faisaient auparavant, ils le feront après ; l'immunité laisse à cet égard les choses en l'état où elle les trouve. Touchant l'exercice de la juridiction ordinaire, le diplôme d'immunité ne contient qu'une prescription : les juges publics ne pourront pas entrer dans le domaine privilégié ; ils ne pourront occuper aucun lieu de ce domaine pour y juger, c'est-à-dire pour y tenir leurs plaids.

Tout ce que M. F. de Coulanges dit de plus est étranger aux textes dont il entend ne pas s'écarter. Il s'en écarte cependant ainsi, et il en dépasse le sens, tout en croyant s'y renfermer, quand il ajoute : « Nous verrons tout à l'heure certaines « clauses de nos diplômes qui empêchent le comte « d'appeler devant lui les hommes du domaine.

---

1. La portée exacte du privilège d'immunité sur ce point est nettement indiquée par la manière dont cette interdiction est exprimée dans un texte que nous avons cité précédemment : « Neque ullus judex publicus... ad judicandum... « locum ibi habere audeat. » (§ 13, note 3.)

« A quoi eût-il servi d'ailleurs à l'immuniste d'être
« exempté d'avoir le juge chez lui, s'il eût été
« tenu d'aller se présenter devant ce même juge
« et de lui amener ses hommes? »

Pour ce qui est de la prétendue interdiction aux
juges publics d'appeler devant eux et le privilégié
et ses hommes, c'est une allégation tout à fait
dénuée de fondement, et formellement contredite
par les textes (§ 13). Nous l'avons fait observer
déjà en rencontrant une première fois cette proposition dans les mémoires de Pardessus (§§ 48,
49). Est-ce à cette source que M. F. de Coulanges
l'a empruntée? Quant aux clauses de diplômes
annoncées par lui à cette occasion, ce ne peuvent
être que les dispositions relatives à la mainburnie
royale dont il parle un peu plus loin, ou bien
celles qui concernent l'interdiction d'enlever des
cautions, *fidejussores*, équivalant suivant lui à
l'empêchement absolu de juger, dont il parle
également.

La mainburnie royale constitue un régime spécial sur lequel nous nous sommes expliqué
(§§ 15 à 18), et d'où l'on ne peut rien inférer
touchant le régime propre de l'immunité, bien
qu'il lui soit parfois, dans une certaine mesure,
associé. Quant à ce qui regarde les *fidejussores*,
visés peut-être aussi dans le passage que nous
venons de citer, nous ne croyons pas qu'on doive
interpréter, comme le fait M. F. de Coulanges,
les particularités qu'il relève dans les diplômes, à

leur sujet. Nous y reviendrons tout à l'heure
(§ 62).

Les textes abondent pour prouver que le possesseur, même sous la protection de l'immunité,
non seulement pouvait être appelé pour son
compte devant le juge public, mais était de plus
toujours tenu d'y conduire ou faire conduire ses
hommes lorsqu'ils y étaient mandés (§§ 12, 13).
M. F. de Coulanges a donc tort de penser qu'il ne
saurait en être ainsi. Il n'en a pas moins de
croire que le privilège, s'il n'eût supprimé cette
obligation, eût été sans objet, et de se demander
à quoi, dès lors, aurait servi l'immunité. Nous
avons répondu d'avance à cette observation (§ 5).
L'immunité était destinée à protéger le privilégié
contre l'intrusion et les exactions des officiers
publics dans son domaine. C'est pour cela surtout
qu'elle leur en interdisait l'entrée (§ 19).

Voilà à quoi servait l'immunité. Quant à la
juridiction, elle y touchait à peine, bien loin de
l'annuler. Nous avons montré que M. F. de Coulanges se trompait en disant le contraire, même
avec le correctif d'une exception concernant certaines causes (§ 20). L'immunité n'avait d'autre
conséquence pour ce qui regarde la juridiction des
juges publics que de leur interdire absolument de
tenir leurs plaids dans le domaine privilégié, où
du reste, en droit commun, ils n'eussent pu
régulièrement le faire, non plus que dans tout
autre domaine particulier, sans la permission du

possesseur (§ 12). Nous avons dit, en rappelant ces dispositions, ce que le régime de l'immunité ajoutait sur ce point au régime de droit commun (§ 13).

§ 62. — Les autres actes interdits aux juges publics dans les domaines couverts par l'immunité ont moins d'importance que le premier, l'acte de juger, *causas audire*, pour le sujet qui nous occupe. Nous ferons remarquer que M. F. de Coulanges mentionne à peine ceux de ces actes dont l'interdiction sert peut-être le mieux à fixer le caractère véritable de l'immunité. Il ne parle presque pas des perceptions illicites défendues dans le domaine privilégié, *redhibitiones aut illicitas occasiones requirere*. Rien cependant, nous l'avons fait remarquer (§ 5), ne montre plus clairement que le privilège a pour objet d'empêcher les exactions des officiers publics. L'auteur ne rappelle qu'incidemment ces exactions, à propos de l'interdiction de lever les impôts réguliers, *tributa*, et en mettant comme au second plan les considérations essentielles relatives à ces abus. « Ainsi, dit-il, ce que le roi interdit à ses agents, « ce ne sont pas seulement les perceptions abu- « sives et arbitraires, c'est la perception des véri- « tables impôts publics, des impôts les plus régu- « liers. » S'exprimer ainsi, ce n'est évidemment pas reconnaître et faire sentir quelle importance a, en réalité, pour l'explication du privilège, l'interdiction des perceptions abusives ; c'est au con-

traire signaler comme plus grave en quelque sorte
l'empêchement de lever les impôts réguliers.

La perception des *freda*[1] enlevée aux officiers

1. Le caractère général des *freda* payés au fisc pour tout
crime ou délit ne fait question pour personne. Mais, parmi
les textes anciens qui les concernent, il en est un, donné et
par la loi des Ripuaires et par les lois des Lombards, dont
l'interprétation soulève quelques difficultés (§§ 9, 10, 11). Ce
texte peu remarqué impose le paiement du *fredum*, non au
coupable condamné, mais à la partie adverse indemnisée par
lui. Touchant cette singularité, qui n'a jamais été que nous
sachions expliquée, nous avions dans notre travail de 1882 sur
l'immunité, proposé hypothétiquement une interprétation
que nous avons rappelée ci-dessus quoiqu'ayant à en présenter
ensuite, dans les mêmes conditions, une seconde (§§ 9, 10).
La première, qui, en 1882, n'avait pas été exposée avec toute
la clarté nécessaire, avait été pour M. F. de Coulanges l'occasion d'une méprise dont nous avons parlé précédemment
(§ 9, note 1). Le texte que nous commentions lui avait paru
n'être qu'une version sans autorité, modifiée arbitrairement
pour justifier une appréciation nouvelle du caractère général des *freda*, que nous n'avions nullement l'intention de
contester cependant. Ayant bien voulu reconnaître un peu
plus tard cette méprise, M. F. de Coulanges paraît s'en tenir
à considérer comme superflue toute tentative d'éclaircir la
difficulté qui nous avait arrêté, *une explication très simple* en
ayant été fournie, croit-il, par Sohm et Boretius dans les
éditions données par eux de la loi des Ripuaires et des lois
des Lombards, ou mieux encore, dit-il, dans une *Expositio*
ancienne de ces dernières lois, jointe à l'édition de Boretius
(*Revue hist.*, 1884, t. XXV, p. 358). Il était en effet naturel
de penser, comme l'a fait M. F. de Coulanges, que le vieux
commentaire aussi bien que ceux des modernes éditeurs
avaient pu élucider la question. Il n'en est rien cependant.
Si notre contradicteur veut bien revoir les écrits qu'il cite,
comme nous l'avons fait à cette occasion (§ 11), il pourra
s'assurer que, ni dans les préfaces, ni dans les notes de Sohm

publics et leur possession attribuée de bonne heure
au privilégié par la concession du *jus fisci* sug-
gèrent à M. F. de Coulanges cette observation :
« De même que toute juridiction donnait droit à
« la perception des *freda*, de même la perception
« des *freda* supposait nécessairement la juridic-
« tion. Aux yeux des hommes, la possession des
« *freda* était comme la preuve matérielle de la
« possession légitime de la justice. » Nous recon-
naissons dans ces appréciations une argumentation très voisine de celle des juristes du moyen
âge, lesquels concluaient de la possession des
droits du fisc au droit d'exercer la haute justice,

et de Boretius (§ 11, notes 2, 3), non plus que dans l'*Expositio* ancienne jointe au *Liber Papiensis* des lois lombardes et
publiée avec elles par ce dernier (§ 11, note 4), s'il est parlé
de certaines particularités du texte en question, on ne
trouve nullement l'explication de la singularité dont nous
avons tâché de rendre raison, touchant l'obligation transportée du coupable à la victime de payer le *fredum* : savoir
qu'en prescrivant le paiement du *fredum*, en présence de
témoins, par celui qui avait reçu la *compositio* dont ce *fredum* était le tiers, on étendait de fait les garanties de ce
témoignage à l'acquittement préalable de cette *compositio*
qui éteignait le droit de vengeance de l'offensé. C'est ainsi
que la mesure prescrite assurait la paix entre les parties,
« ut pax perpetua stabilis permaneat, » était-il dit. Cette
explication n'avait jamais été proposée ; on voudra bien le
reconnaître. On pourra constater en même temps, d'après les
variantes admises par les savants éditeurs dont on a cité les
travaux, que le texte défectueux étudié et interprété ainsi
nécessite des corrections indispensables, dont ils fournissent
les éléments et que nous étions parfaitement fondé à y
introduire, bien qu'on les juge abusives, à ce qu'il semble.

ainsi que nous l'avons constaté dans le jugement
de 1275 du prévôt de Paris (§ 22). M. F. de Coulanges ne s'y arrête d'ailleurs pas beaucoup. C'est
l'interdiction de juger, *causas audire*, dans l'immunité qui est pour lui la preuve essentielle que
le privilège enlève aux juges publics la juridiction
sur le domaine ainsi défendu contre leur intrusion,
pour la faire passer au possesseur et à ses agents
particuliers.

Constatons en passant que M. F. de Coulanges
laisse tout à fait dans l'ombre l'interdiction de
lever les *tributa*, qui, dans les diplômes d'immunité, est jointe à celle de lever les *freda*. Il se
borne à dire, comme nous l'avons reconnu tout à
l'heure, que cette levée des *tributa* est comprise
dans ce qu'on appelle les revenus du fisc royal,
dont le roi interdit la levée à ses agents. Il n'y a
du reste pas lieu d'y insister davantage.

Pour ce qui est de l'interdiction de saisir des
cautions, *fidejussores tollere*, M. F. de Coulanges
voit très bien qu'il s'agit en cela non des cautions
volontaires, mais des cautions forcées, « qui font,
« dit-il, une sorte d'office de police et même
« quelque chose de plus. » Cela est vrai. Mais
l'auteur nous semble moins bien inspiré lorsque,
après cette observation, il ajoute : « Supprimez
« la saisie des cautions, il n'y a plus de justice.
« Le comté ne pourra plus obliger l'habitant du
« domaine privilégié à comparaître à son tribu-
« nal..... La clause qui défend au comte de saisir

« des répondants équivaut pour lui à la défense
« de juger... On lui ôte le moyen d'appeler à lui
« les hommes de ce domaine et de les juger dans
« son plaid, à moins qu'ils n'y viennent volontaire-
« ment. » M. F. de Coulanges oublie que le maître
était toujours obligé de présenter ses hommes
au plaid du comte, sur son mandement (§ 13).
Ce n'est donc pas seulement au moyen de cautions répondant des hommes de l'immunité que les
juges publics les faisaient comparaître devant eux.
Quant au maître lui-même, *liber homo*, ce n'était
pas non plus toujours ainsi, nous l'avons vu (§ 12,
note 1), que le comte le forçait à se présenter à
son jugement, pas plus dans le cas où il avait des
biens qu'on pût saisir pour l'y contraindre qu'en
l'absence de biens qui permissent de le faire :
situation à laquelle pouvait après tout se rapporter celle du maître pourvu d'immunité, dans le
domaine privilégié duquel l'officier public ne pouvait pas pénétrer pour y faire des saisies. Le for-
bannissement était, à la rigueur et faute d'autres
moyens quand il n'y en avait pas, le terme
extrême auquel on pouvait en venir pour contraindre ceux qu'on ne pouvait saisir. Ces observations font tomber l'argument que l'auteur semble
tirer, comme nous l'avons dit tout à l'heure (§ 61),
de l'interdiction d'enlever des cautions, *fidejusso-*
*res*, pour établir que certaines clauses des diplômes
empêchaient le comte de juger à son *mallum* les
hommes du domaine privilégié.

Après avoir parlé de la défense faite au juge
public de saisir des cautions, M. F. de Coulanges
dit : « Quelques diplômes[2] ajoutent encore une
« interdiction qui est formulée en ces termes :
« *neque ad homines distringendos*..... Par consé-
« quent, si l'un des hommes de l'immunité est
« accusé d'un crime ou d'un délit, le comte ne
« pourra ni se saisir de sa personne ni mettre la
« main sur ses biens. » Nous rappellerons, pour
répondre à cette observation, ce que nous avons
dit tout à l'heure à propos de l'interdiction de saisir des répondants ou cautions. Les considérations
présentées alors sur l'obligation pour le maître
pourvu d'immunité de soumettre ses hommes au
juge public, et sur celle où il était aussi de s'y
soumettre lui-même, avec l'indication des moyens
qu'on avait pour l'y-contraindre, montrent jusqu'où l'on pouvait aller pour cela, et permettent

2. M. F. de Coulanges, en parlant ainsi, semble croire que
cette interdiction de saisir, *homines distringere*, qu'il signale
dans six diplômes est une disposition rare et en quelque
sorte exceptionnelle dans les chartes d'immunité. Tel n'est
pas son caractère. Sur les 196 diplômes d'immunité que nous
avons relevés dans le *Gallia christiana*, 76 contiennent cette
interdiction de saisir, *homines distringere;* 71 contiennent
celle d'enlever des cautions, *fidejussores tollere;* 78, celle d'exiger les *freda, freda et tributa exigere;* 79, celle de prendre
gîte et fournitures, *mansiones et paratas facere;* 80, celle de
percevoir des redevances ou tailles illicites, *redhibitiones
aut illicitas occasiones requirere;* 81, celle de juger, *causas
audire.* On ne trouve d'ailleurs que dans 67 seulement l'ensemble de toutes les interdictions à la fois. — *L'Immunité*,
1882, §§ 8 à 13.

de ne pas s'arrêter à cette dernière objection. Il est bon de rappeler encore que l'interdiction opposée au juge public de faire des saisies dans le domaine privilégié n'était pas absolue et qu'elle admettait des exceptions dont nous avons parlé précédemment (§ 13, note 2).

Nous n'avons rien à dire de la manière dont M. F. de Coulanges apprécie l'interdiction faite aux officiers publics d'user du droit de gîte dans les domaines couverts par l'immunité. Pour la dernière interdiction, celle de percevoir des redevances et des tailles illicites, *redhibitiones aut illicitas occasiones requirere*, nous avons fait observer, au commencement du présent paragraphe, qu'il en parle à peine, malgré son importance comme indication du sens véritable et de la portée réelle du privilège lui-même.

M. F. de Coulanges complète l'exposition de ses idées sur les interdictions de l'immunité et sur leurs conséquences par cette déclaration : « En « résumé, grâce à cette série de précautions que « le roi prend contre son propre agent, celui-ci « n'a plus aucune juridiction sur les hommes du « domaine privilégié, et toute action judiciaire « sur eux lui est devenue impossible. » C'est là le dernier mot de l'auteur sur les conséquences de l'immunité et sur la manière dont la justice privée est, suivant lui, substituée par elle à la justice publique.

A ces observations relatives aux interdictions,

qui sont l'essence même de l'immunité et qui, aux yeux de M. F. de Coulanges, ont pour résultat de soustraire le domaine privilégié à la juridiction du comte, il en joint quelques autres encore touchant le maintien de la juridiction royale « sous- « entendu, suivant lui, dans les chartes d'immu- « nité, » et résultant d'ailleurs de la mainburnie ou mainbour royale qu'on y trouve étroitement liée. « On ne saurait dire, ajoute-t-il, laquelle « a précédé et a provoqué l'autre. Ce qui est « certain, c'est qu'elles sont à peu près insépa- « rables. La mainbour royale soustrait la per- « sonne du concessionnaire à l'autorité des agents « royaux. L'immunité soustrait les terres du con- « cessionnaire à l'autorité de ces mêmes agents. « Entre ces deux actes si semblables,... la confu- « sion s'est bientôt faite. » Sans entrer dans l'appréciation détaillée de cette conception beaucoup trop absolue, croyons-nous, des conséquences engendrées par le rapprochement de l'immunité et de la mundeburde royale, nous nous contenterons de renvoyer à ce que nous avons dit précédemment de cette mundeburde, de son régime originaire, des modifications de ce régime et de ce qu'il est devenu, quand on le trouve associé à celui de l'immunité (§§ 15 à 18), ce dont on n'a pas du reste d'exemples très fréquents dans les diplômes (§ 15, note 1).

§ 63. — Nous avons fait connaître les arguments tirés par M. F. de Coulanges des diplômes d'immunité pour justifier sa théorie sur la nature de ce privilège et sur les conséquences qu'il en déduit touchant l'institution de la justice privée (§§ 60-62). Comme ses devanciers, il en ajoute à ceux-là quelques autres, empruntés aux textes des capitulaires et concernant surtout le rôle des juges privés, *judices privati*, dont l'existence lui semble une preuve de plus de la réalité de cette justice privée, engendrée prétend-on par l'immunité, qu'ils sont chargés d'exercer. Ces arguments sont loin d'avoir en faveur de la thèse en question l'importance qu'on leur a généralement accordée à ce point de vue. Nous l'avons fait remarquer en montrant que l'existence des juges privés et d'une juridiction exercée par eux ne saurait prouver que celle-ci vînt de l'immunité, puisqu'elle pourrait avoir une autre origine (§ 13).

M. F. de Coulanges s'arrête cependant aussi à cette argumentation. Il relève, comme la plupart de ceux qui l'ont précédé, la mention des *agentes potentum*, des *judices vel missi discursores episcoporum vel potentum*, du *judex immunitatis*. Ce sont là des juges privés, *judices privati*, fait-il observer. « Nous voyons dès ce moment, dit-il,
« les évêques, les abbés et aussi les riches laïques
« avoir sur leurs différents domaines des *judices*
« qu'ils choisissent eux-mêmes, et à qui ils délè-
« guent leur autorité judiciaire. Chaque domaine
« immuniste eut désormais son *judex privatus*,
« qui remplaça le *judex publicus*. Au fonction-

« naire du roi se substitua le fonctionnaire ou
« l'agent du grand propriétaire. »

Oui sans doute les grands propriétaires ont des
agents, *judices privati*, chargés de juger quelquefois, dans les affaires notamment qui relèvent de la
juridiction patrimoniale, dont l'exercice est un des
droits du maître (§ 12), mais chargés souvent aussi
de fonctions toutes différentes. L'idée de ne voir en
eux que des juges a induit la plupart des critiques
à interpréter exclusivement dans ce sens tous les
textes qui les concernent; source d'erreurs (§ 14)
auxquelles n'échappe pas plus que ces derniers
M. F. de Coulanges. Après avoir énoncé, dans les
termes que nous venons de rappeler, la thèse que
dans chaque domaine d'immunité le juge public
est remplacé par un juge privé, le fonctionnaire
du roi par un agent du possesseur, l'auteur, pour
prouver la réalité de ce qu'il dit des juges privés, *judex episcopi vel potentis*, *judex immunitatis*, renvoie à des textes qui les mentionnent, il
est vrai, mais qui leur assignent en même temps
un rôle tout autre que celui qu'il leur attribue.
Ces textes, il semble ne pas s'en apercevoir, vont
même formellement contre sa théorie. Ils ne montrent nullement les juges privés en possession de
la juridiction des juges publics et substitués à eux
pour l'exercer. Ils prouvent au contraire la persistance de la juridiction de ces derniers et donnent
à côté d'eux aux juges privés des attributions accessoires tout autres que celle de juger eux-mêmes.

Le premier texte cité par l'auteur dans cette circonstance est l'article 19 d'un édit de Clotaire II par lequel il est prescrit aux évêques et aux grands possesseurs, *laïci potentes*, d'avoir dans leurs domaines des agents, *judices et missi discursores*, chargés de les représenter en justice, c'est-à-dire devant le comte[1], car telle est la véritable signification des actes qualifiés, *justitiam percipere et aliis reddere*, nous allons le montrer. Les autres textes invoqués ensuite sont empruntés à l'article 9 d'un capitulaire de 779 et à l'article 195 du livre V de la collection d'Ansegise; et il y est dit que les juges d'immunité doivent amener au plaid du comte les voleurs de l'immunité[2]. Ils ne justifient assurément pas plus que le précédent la prétendue substitution des juges privés aux juges publics. Tout au contraire.

Les deux derniers textes ne présentent à cet égard aucune ambiguïté. Il n'en est peut-être pas de même du premier, et M. F. de Coulanges, dans

1. « Episcopi vel potentes qui in aliis possident regioni-« bus, judices vel missos discussores (alias discursores) de « aliis provinciis non instituant, nisi de loco, qui justitiam « percipiant et aliis reddant. » — Edict. Chlotharii II, an. 615, c. 19. — Baluze, *Capitularia,* t. I, p. 24. — Pertz, *Legum* t. I, p. 15.

2. « Ut latrones de infra emunitatem, illi judices ad « comitum placita præsentent, etc. » — Capitul., an. 779, art. 9. — Baluze, *Capitularia,* t. I, p. 197. — « Ut latrones « de infra emunitatem a judice ipsius emunitatis in comitis « placito præsententur. » — Capitularium l. V, c. 195. — Baluze, *Capitularia,* t. I, p. 860.

l'interprétation qu'il en donne aussi bien que dans l'emploi qu'il en fait, pouvait s'autoriser de l'exemple de plusieurs de ses devanciers, qui, dans des écrits antérieurs, ont commis l'erreur avant lui et qu'il n'a fait que suivre. *Justitiam percipere et aliis reddere*, comme il est dit dans ce texte, signifie, nous l'avons démontré (§ 14), recevoir la justice qui vous est due et rendre celle que vous devez, c'est-à-dire recouvrer ou payer la *compositio*, ou bien ester en justice soit comme demandeur (*percipere*) soit comme défendeur (*reddere*), situations qui sont celles d'un justiciable et non celles d'un juge. Les exemples que nous avons produits à ce sujet ne laissent pas sur ce point la moindre incertitude. Dans l'un, il est question des délais accordés en justice à un absent, de telle sorte que, à son retour, il rende et reçoive la justice due par lui ou à lui dans les affaires restées en suspens : « Unicuique justitiam reddat et ab « aliis recipiat. » Dans un autre, il est dit des hommes d'une abbaye qu'ils doivent rendre et recevoir justice par-devant le comte : « Pro cri- « minalibus culpis... ante comitem illius loci... « justitias reddant et ab aliis recipiant. » Dans un troisième enfin, qui est comme le commentaire direct de celui cité par M. F. de Coulanges, l'agent de l'évêque est un *advocatus* chargé de répondre pour lui sur toute plainte reçue contre le prélat par le comte : « Ut qui se reclamaverit super pon- « tificem... dirigat illum comes... ad ipsum pon-

« tificem... et... pontifex... advocatum habeat...
« in ipso comitatu, ut absque tarditate justitiam
« faciat et suscipiat. » Rapprochés les uns des
autres ces exemples ne laissent aucun doute sur
le sens de la locution (§ 14).

Aucun des textes cités par M. F. de Coulanges
ne justifie donc sa proposition que, dans l'immunité, le *judex privatus* est substitué au *judex publicus*. Tout au contraire, ces textes montrent l'agent
du grand possesseur soit ecclésiastique, soit laïque
dans la situation d'un justiciable devant le comte
ou officier public, dont il est démontré par là que,
loin d'être supprimée, la juridiction persiste.

§ 64. — En résumé, M. F. de Coulanges, parti
de l'idée peu justifiée ce semble que l'immunité
est un bénéfice et à ce titre une des institutions
génératrices de la féodalité, passe de cette première conception à celle-ci, aussi peu fondée
croyons-nous, que l'immunité est également la
source de la justice privée. Il arrive à cette dernière conclusion par deux voies. Elle est en effet,
suivant lui, la conséquence de deux dispositions
essentielles du privilège d'immunité : l'interdiction au juge public d'entrer dans le domaine privilégié pour y juger, et la concession au privilégié
des *freda* ou produits de la justice impliquant,
dit-il, la jouissance de la juridiction. L'auteur ne
s'arrête pas beaucoup cependant à cette seconde
considération ; c'est la première qui a évidem-

ment, à ses yeux, le plus d'importance dans sa théorie.

Suivant cette théorie, le juge public est, du fait de l'immunité, exclu du domaine privilégié, et ce domaine se trouve ainsi soustrait à son autorité, notamment pour la juridiction ; l'interdiction d'y entrer équivalant, semble-t-il à l'auteur, à l'interdiction de juger. Bien plus, certaines clauses des diplômes empêchent, croit-il à tort, le comte d'appeler devant lui, de l'intérieur du domaine dont l'entrée lui est fermée, les hommes de ce domaine. Dès lors, dans le territoire couvert par l'immunité, la justice publique se change, dit M. F. de Coulanges, en justice privée.

En même temps que la terre privilégiée et ses hommes sont soumis ainsi au juge privé par l'immunité, la personne du possesseur est soumise, de son côté, dit l'auteur, à la juridiction directe du roi par la mundeburde royale, privilège spécial associé et intimement lié, ajoute-t-il, à l'autre. Mais cette association est loin d'avoir les conséquences qu'il y attache (§ 16), et l'on n'en a d'ailleurs que des exemples peu nombreux, nous l'avons montré (§ 15, note 1).

M. F. de Coulanges doit être compté, on le voit, parmi ceux qui font procéder de l'immunité la justice privée.

### XXII. J. FLACH.

§ 65. — M. Flach n'a pas fait, comme M. F. de Coulanges, un ouvrage spécial sur l'immunité; mais il parle amplement de cette institution dans un livre publié en 1884 sur *Les origines de l'ancienne France — La condition des personnes et des terres, de Hugues Capet à Louis le Gros*, où deux chapitres, les chapitres VIII et IX, sont consacrés à ce sujet particulier [1]. Ce que considère surtout l'auteur dans l'étude qu'il en fait ainsi, ce sont les points par lesquels il lui paraît toucher aux origines de la justice privée. Il introduit en outre dans son travail des considérations nombreuses sur toutes les parties de la question et arrive ainsi à un système en apparence assez compliqué dans l'exposition qu'il en fait, mais, au fond, beaucoup plus simple dans sa pensée intime, comme nous le montrerons d'après ses déclarations mêmes.

M. Flach part de ce fait que, dans le principe, une juridiction domestique allant, dit-il, jusqu'au droit de vie et de mort était exercée par le maître, par le propriétaire, sur les personnes placées sous son *mundium*, en raison de leur résidence sur sa

1. Au cours de notre publication, M. Flach a complété la sienne en faisant du livre imprimé en 1884, et sans y rien changer, la première partie d'un nouvel ouvrage donné sous le titre *Les origines de l'ancienne France — Le régime seigneurial — X<sup>e</sup> et XI<sup>e</sup> siècles*. Paris, 1886.

terre ; et qu'il les représentait dans tout débat avec des étrangers. Cette situation persiste même après que s'est développée la population du domaine, composée dès lors d'éléments de toute sorte, colons et tenanciers, libres et non libres ; le *mundium*, lien de famille, s'étant changé en *mitium* ou supériorité territoriale. Pour les hommes libres qui, dans cette condition, se trouvent sous la dépendance du maître, la juridiction du grand propriétaire se transforme dans l'intérieur du domaine en un arbitrage accepté librement par eux — conception analogue à celle de Mably — et, au dehors, elle est remplacée par le droit qu'il a de représenter ces hommes au tribunal du comte.

La juridiction domaniale n'excluait nullement celle du juge public, du comte, au *mallum ;* mais celle-ci n'allait pas sans maints abus : la saisie arbitraire par exemple des garants, *fidejussores*, pour assurer, dit l'auteur, soit la comparution des prévenus devant lui, soit le paiement des amendes, *freda*, par les condamnés. Le grand possesseur cependant, toujours libre de livrer pour les juger ses hommes au juge public, pouvait aussi écarter celui-ci, dit-il encore, en se réservant les causes qui intéressaient exclusivement les habitants de son domaine et même celles où un étranger avait part. L'étranger, néanmoins, ayant à se plaindre de quelqu'un des hommes du grand possesseur, les appelait au tribunal du comte, où le maître était obligé de les amener. Seulement il ne pouvait y être contraint, suivant M. Flach, que par le roi. Cette situation était de droit ancien ; elle est non pas concédée, mais simplement garantie par le diplôme d'immunité, par une charte accordant le *mundium regis* ou l'*immunitas*, expressions synonymes, ainsi parle M. Flach. De là le privilège de la mundeburde royale pour ceux qui sont en possession de l'immunité.

L'auteur conçoit, on le voit, l'immunité originaire comme une simple confirmation de la juridiction domaniale. La sanction et la garantie de celle-ci par l'autre, tel est, suivant lui, l'objet de l'immunité mérovingienne. Quant à certains possesseurs laïques et aux églises, qui ne jouissaient pas encore de ces droits affectés à la grande propriété, une concession formelle était nécessaire pour leur en assurer les avantages par leur admission sous le *mundium* du roi, avec le don de l'immunité, comportant l'abandon des droits du fisc, impôts et amendes, *tributa* et *freda*.

De là, trois sortes d'immunités : une première immunité laïque et confirmative de droits antérieurs ; une seconde immunité laïque, pour concéder ces mêmes droits à ceux qui pouvaient ne pas les posséder encore ; et l'immunité ecclésiastique, pour les conférer de même aux Églises.

L'immunité ecclésiastique comprenait la concession des redevances dues au fisc, *tributa*, *freda*, l'interdiction aux juges publics d'entrer dans les domaines privilégiés, et l'obligation pour l'immuniste de conduire ses hommes au tribunal du comte ou d'y comparaître, à moins que, en vertu de la mundeburde royale, il ne recourût au tribunal du roi. Les *advocati* ou *defensores* étaient les agents chargés d'accomplir ces obligations pour les prélats, évêques ou abbés, et de remplir pour eux également le devoir de faire la police, *districtio*, et les exécutions dans les domaines ecclésiastiques. Quant au droit de juger, il était exercé, au nom de l'Église, par le *judex immunitatis*, sous la garantie, est-il dit, de la clause du privilège interdisant au juge public d'entrer dans l'immunité pour y juger, pour y tenir son plaid, *ad causas audiendas*, et en conséquence de l'abandon des *freda;* car la jouissance des fruits de la justice impliquait la possession de la juridiction, « la « levée de l'amende judiciaire emportant en règle, « dit M. Flach, le droit de juger. » Néanmoins, dit-il encore, la pratique semble s'être conservée de faire conduire parfois les hommes de l'immunité au *mallum* du comte, alors même que les contestations ne s'agitaient qu'entre eux; et le jugement du comte était d'ailleurs de droit dans les causes où des hommes du dehors étaient en querelle avec ceux du dedans.

A la longue, ajoute l'auteur, les immunistes

développent et étendent leurs droits primitifs. Ils s'attribuent jusqu'à la connaissance de tout conflit venant à naître sur leur territoire, non seulement entre ceux qui l'habitent et des étrangers, mais peut-être, dit M. Flach, entre étrangers eux-mêmes. Dès le VIII<sup>e</sup> siècle et au IX<sup>e</sup> encore, on rencontre, assure-t-il, des chartes qui consacrent ces usages.

§ 66. — Telle est, dans ses traits essentiels, la théorie de M. Flach sur l'immunité et sur son rôle dans les origines de la justice privée, d'après les deux chapitres de son livre, dont le paragraphe qui précède est une simple analyse. Cette théorie prend en considération et rapproche deux opinions, dont l'une donne pour principe à la justice privée un attribut du droit de propriété, et dont l'autre la fait dériver du privilège de l'immunité, en vertu des deux clauses à la fois de la concession des *freda* ou fruits de la justice et de l'interdiction aux juges publics de pénétrer dans les domaines privilégiés pour y juger. Ces deux clauses, nous l'avons montré, avaient fourni l'une après l'autre, et à l'exclusion d'abord l'une de l'autre, les preuves invoquées en faveur de cette thèse. Nous avons vu la première en possession de le faire au XIII<sup>e</sup> siècle notamment (§ 22) ; la seconde substituée à celle-là par Bignon au XVII<sup>e</sup> siècle (§ 26). La première avait été imparfaitement rappelée ensuite par Montesquieu (§ 34), puis

reprise comme argument principal par Naudet
(§ 44). M. F. de Coulanges enfin (§ 62), à la suite
de Boutaric (§ 58), avait plus tard associé, dans
sa discussion, les arguments empruntés aux deux
clauses à la fois; M. Flach fait de même (§ 65).

Le trait caractéristique et tout à fait original de
la théorie de M. Flach réside dans la distinction
qu'il admet de trois espèces différentes d'immunités. Cette singulière conception semble procéder
surtout du désir de concilier certaines notions
contradictoires, celle par exemple qui rattache au
droit de propriété les origines de la justice privée
avec celle qui la fait venir de l'immunité. Il n'y
a, en réalité, qu'une seule espèce d'immunité. Les
distinctions introduites par M. Flach sont tout à
fait artificielles; il n'est pas loin de le reconnaître.
« Au fond, il n'existe dans sa pensée — il nous l'a
« déclaré de vive voix — qu'une seule sorte d'im-
« munité, dont les effets sont plus ou moins éten-
« dus, suivant que le besoin de protection l'exige;
« d'où résultent deux types de concession du pri-
« vilège : l'un où l'on assure la continuation de
« l'exercice des droits primordiaux existants;
« l'autre où l'on place l'immuniste dans des con-
« ditions qui rendent possible l'exercice de ces
« droits en levant les obstacles qui s'y opposaient.
« C'est le cas notamment des Églises. » Les lignes
que nous venons de marquer de guillemets nous
ont été dictées par M. Flach lui-même. La décla-

ration qu'elles contiennent réduit à peu de chose
le rôle de l'immunité dans les origines de la justice privée, que l'auteur rattache expressément à
certaines conditions essentielles du droit de propriété.

§ 67. — En résumé, la théorie de M. Flach,
après une évolution décisive, perd pour une bonne
part le caractère complexe qu'elle avait dans sa
publication de 1884. L'immunité n'y est plus, à
proprement parler, constitutive de la justice privée. Celle-ci lui emprunte seulement des garanties,
et ses origines ne sont autres que la justice patrimoniale, attribut de la grande propriété. Les
garanties données par l'immunité à ces droits du
grand possesseur n'annulent pas la juridiction des
juges publics, mais, en même temps, les abus et
exactions de ceux-ci sont refrénés soit par l'immunité, qui leur interdit l'entrée des domaines ainsi
défendus, soit par la mundeburde royale associée
à l'immunité, avec laquelle, dit M. Flach, elle se
confond, et qui permet le recours du privilégié à
la justice du roi, quand il croit nécessaire ce mode
de protection. L'immunité était, en somme, suivant l'auteur, un bénéfice accordé par le roi et
emportant concession de la mundeburde royale,
avec protection contre les spoliations et les abus
de pouvoir des fonctionnaires ou juges publics.
Les éléments essentiels du privilège sont, dit-il,
la dispense des impôts et l'inviolabilité du territoire par les officiers de justice.

M. Flach se sépare incontestablement de ceux qui font de l'immunité la source de la justice privée. C'est au développement de la juridiction du maître, l'un des attributs du droit de propriété, qu'il la rattache.

### XXIII. Vue d'ensemble sur ces théories.

§ 68. — Notre enquête est terminée. En la commençant, nous annoncions (§ 21) qu'elle nous permettrait d'apprécier en connaissance de cause l'opinion, inacceptable ce nous semble, que la justice privée vient de l'immunité et de reconnaître, d'après l'origine de cette opinion et les phases de son développement, le caractère et la valeur d'une pareille doctrine. Reprenons dans une vue d'ensemble le tableau des différentes idées admises à ce sujet, en disant dans quels termes elles se formulent. Nous rappellerons ensuite comment elles se sont produites dans le mouvement d'évolution dessiné par leur succession.

Nous avons vu ce que pensaient de la question ceux qui nous ont précédés. Au XIIIe siècle on regardait la concession de l'immunité avec les droits du fisc, assimilés à tort aux *regalia jura*, comme impliquant aussi la concession de la juridiction. Loyseau traitant plus tard, au point de vue surtout pratique, des justices seigneuriales, c'est-à-dire de la justice privée, s'occupe fort peu des origines et ne parle pas de l'immunité. Bignon, avec qui au XVIIe siècle commencent les études critiques, admet encore, comme on l'avait fait de bonne heure, que la justice privée vient de l'immunité, mais il fonde en même temps cette opinion sur des considérations nouvelles. Le premier, il attribue ce résultat à la clause du privilège qui interdit aux juges publics de tenir leurs plaids dans les domaines privilégiés, abandonnant ainsi l'idée très ancienne que cette conséquence appartenait, comme nous venons de le dire, à la clause toute différente qui porte concession des droits du fisc aux privilégiés investis de l'immunité. Bignon d'ailleurs limite ces considérations à ce qui regarde les Églises.

Après Bignon viennent Montesquieu, Mably, Houard, qui s'éloignent de la thèse inaugurée par lui ; Montesquieu en signalant dans la justice privée une sorte d'attribut de la propriété[1], dont les origines lointaines la rattacheraient, croit-il, aux usages des Germains[2]; Mably en la faisant dériver des pratiques de l'arbitrage. Houard, sans

1. Telle paraît être au fond l'opinion de Montesquieu, autant qu'on peut en juger d'après une exposition qui n'a peut-être pas toute la précision désirable (§ 31, note 1).

2. Cette opinion touchant les origines germaniques de la justice privée, introduite par Montesquieu (§ 31), combattue par Mably (§ 35) et par Gourcy (§ 41), reparaît dans les écrits de Naudet (§ 44), de Pardessus (§ 48), de Lehuërou (§§ 52, 54) et de Championnière (§ 55) ; mais chez ce dernier à un point de vue particulier.

se prononcer du reste, inclinerait à la faire venir
de la justice patrimoniale, qui se fonde sur les
droits de la propriété. Gourcy, Naudet et Pardessus reviennent, après Houard, à l'idée que la
justice privée est originairement une conséquence
de l'immunité; Naudet en raison de la jouissance
des *freda* ou droits du fisc, comme on l'avait cru
d'ancienneté; Gourcy et Pardessus en vertu de la
clause d'interdiction opposée aux juges publics
d'entrer et de juger dans le domaine privilégié,
ainsi que l'avait proposé Bignon. Lehuërou et
Championnière après eux n'admettent pas les
attaches de la justice privée à l'immunité. Lehuërou reconnaît comme en étant la source la justice
patrimoniale, attribut de la propriété; solution
entrevue par Houard, à laquelle tendent plus ou
moins Gourcy et Pardessus. Championnière la
fait venir d'un certain droit de juridiction propre
à tout chef de corporation; l'ensemble des sujets
du seigneur privilégié devant être, suivant lui,
considéré comme ayant ce dernier caractère.

Naudet avait repris la vieille opinion que la justice privée est engendrée par l'immunité, en vertu
de la jouissance que celle-ci comporte des droits
du fisc, des *freda* surtout. A la suite de Naudet,
Boutaric, M. F. de Coulanges et M. Flach accep-
tent ses conclusions à cet égard, quoiqu'ils n'en
fassent pas leur argument principal pour rattacher la justice privée à l'immunité. C'est chez

eux, à cet effet, comme une considération accessoire, à côté de celle de l'interdiction aux juges
publics de tenir leurs plaids dans les domaines
privilégiés en vertu d'une autre clause de l'immunité, interdiction qui paraît être avant tout
déterminante à leurs yeux pour cet objet. Les
deux notions, antérieurement admises à l'exclusion en quelque sorte l'une de l'autre, sont rapprochées, ainsi que nous venons de le dire, et
adoptées simultanément par les trois derniers
auteurs que nous avons nommés. M. Flach néanmoins reconnaît avant tout dans la juridiction
domestique, dans la justice patrimoniale, attribut
de la grande propriété, la source première de la
justice privée.

On voit d'un coup d'œil, dans cette succincte
analyse, l'incertitude des opinions et leurs variations sur la question générale des origines de la
justice privée et même sur celle toute particulière
qui présente l'immunité comme en étant le principe;
les uns accordant ce rôle au privilège en vertu de
la clause de concession des droits du fisc, lesquels
impliquent la jouissance des *freda;* les autres en
vertu de la clause d'interdiction aux juges publics
d'entrer sur le territoire privilégié et d'y tenir
leurs plaids; quelques-uns, à la fin, en vertu de
ces deux clauses à la fois. Ces variations ne sont
pas faites pour recommander la thèse qu'elles
concernent. Ce qu'on sait des conditions où elles

se sont produites, c'est-à-dire de la manière dont la thèse en question s'est établie, ne la recommande pas davantage. Une certaine dose d'arbitraire paraît en avoir généralement décidé, et en outre les partisans les plus résolus de la doctrine ainsi formulée ne l'admettent pas sans quelques réserves ou restrictions. Voici en deux mots l'histoire de cette évolution dans le mouvement des idées.

§ 69. — L'opinion, le préjugé pourrait-on dire, que la justice privée vient de l'immunité est, au XIII<sup>e</sup> siècle, un axiome de jurisprudence fondé sur une interprétation abusive du privilège, dont on trouve l'expression dans les considérants d'un jugement du prévôt de Paris en 1275, savoir que la concession des droits du fisc, jointe à celle de l'immunité, implique concession simultanée de la juridiction (§ 22). L'inexactitude de cette appréciation devait nécessairement sauter aux yeux des premiers qui, dans un esprit critique, s'occupent ultérieurement de la question en consultant les textes. L'opinion ainsi motivée est donc abandonnée au XVII<sup>e</sup> siècle.

L'examen des textes ayant, venons-nous de dire, démontré alors l'inanité de la conception suivant laquelle la concession des droits du fisc, accompagnement ordinaire de l'immunité, aurait eu pour conséquence celle de la juridiction avec l'institution de la justice privée, il semblerait que cette

rectification d'une erreur depuis longtemps accréditée eût dû entraîner la ruine de l'opinion qui s'y
rattachait, à savoir que l'immunité était la source
de la justice privée. Il n'en est rien cependant.

Le préjugé dont nous venons de signaler l'abusive origine est à peine ébranlé par la perte de
son ancien soutien. La clause relative aux droits
du fisc ne paraissant plus devoir être invoquée
comme preuve en sa faveur, quoique des adhé-
sions aient encore été accordées ultérieurement à
cette opinion, c'est à une autre clause du privilège
qu'on pense alors à donner ce rôle. On l'attribue,
sans plus de raison, à la clause contenant l'interdiction faite aux juges publics de tenir leurs plaids
dans le domaine couvert par l'immunité. C'est
sous cette forme rajeunie que le préjugé, auquel
on tient comme par une sorte d'habitude, se per-
pétue jusqu'à nous, et qu'il est encore aujourd'hui
recommandé et défendu par quelques-uns de nos
contemporains.

Le premier qui propose le thème nouveau,
nous l'avons vu, c'est Bignon au XVIIe siècle. Il ne
le fait pas du reste sans certaines réserves, car il
limite aux Églises la jouissance du droit de justice
que lui semblent impliquer les empêchements
apportés par l'immunité à l'exercice de la juridiction des juges publics. Bignon avait repris
dans ces termes restreints l'opinion ancienne,
restaurée et maintenant fondée sur des considé-

rations nouvelles, que l'immunité aurait engendré la justice privée. Montesquieu non plus que Mably, au siècle suivant, ne se conforment pas encore complètement à sa doctrine, et Houard s'en écarte notablement, mais elle est acceptée ensuite par Gourcy ; et, plus près de nous, Pardessus, Boutaric et M. F. de Coulanges l'adoptent également, à côté de ceux qui proposent d'autres solutions de la question, comme le font Naudet, Lehuërou, Championnière, et finalement M. Flach après quelques hésitations.

Bignon ne s'était pas prononcé, nous venons de le dire, sans mitiger son système par quelques réserves. Il limitait en effet aux immunités ecclésiastiques, c'est-à-dire à celles concédées aux Églises, le rôle qu'il proposait ainsi pour certaines clauses de l'immunité dans les origines de la justice privée. Comme Bignon, Montesquieu, dans ce qu'il accepte de sa théorie, puis, en se rapprochant de nous, Boutaric et M. Flach admettent jusqu'à un certain point la distinction qui donne à l'immunité ecclésiastique un rôle à part dans les origines de la justice privée. Les autres amoindrissent de différentes manières ce rôle du privilège quand ils ne le lui enlèvent pas complètement. Pour tous, le vieux préjugé, dont on connaît maintenant le caractère et l'origine, ne va pas sans quelques réserves ou sans restrictions.

De nos jours, chose digne de remarque, on en

trouve encore mêlées à la théorie d'un savant plus explicite cependant que nul ne l'avait jamais été dans ses affirmations à ce sujet. La justice privée, suivant M. F. de Coulanges, vient nécessairement de l'immunité, dont le résultat essentiel, à ses yeux, est de supprimer la juridiction du comte et des officiers publics sur le territoire privilégié et sur les hommes qui l'habitent, aussi bien que sur le maître lui-même soumis dès lors à la juridiction directe du roi, il le déclare expressément. « Chaque domaine immuniste eut désormais, dit-il, « son *judex privatus*, qui remplaça le *judex publi-* « *cus.* » — « L'autorité royale prend le caractère « d'un patronage direct et personnel..... La « mainbour royale soustrait la personne du con- « cessionnaire à l'autorité des agents royaux. »

Du reste, pour M. F. de Coulanges, ce n'est pas seulement la défense de tenir des plaids dans le domaine privilégié, c'est l'ensemble de toutes les interdictions, formulées avec celle-là dans le privilège, qui produit la transformation de la justice publique en justice privée. « Grâce à « cette série de précautions, dit-il, celui-ci (le « juge public) n'a plus aucune juridiction sur les « hommes du domaine privilégié, et toute action « judiciaire sur eux lui est devenue impossible. » Ailleurs toutefois il ajoute « sauf un cas. » Ainsi est introduite la restriction admise par lui aussi dans la théorie dont il se porte le champion. Nous avons précédemment apprécié la valeur de cette exception (§ 20). Quoi qu'on en pense, elle a, dans le corps de doctrines exposé par M. F. de Coulanges, le caractère très formel d'une réserve. Elle classe son auteur, malgré ce que ses idées ont d'absolu, parmi ceux qui admettent, mais qui ne sauraient le faire sans un correctif au moins, l'opinion que le privilège change en justice privée la justice publique, conformément au vieux préjugé que la justice privée est enfantée par l'immunité[1].

Telle est l'histoire de l'opinion suivant laquelle l'immunité aurait engendré la justice privée. Elle permet d'apprécier l'origine et le mode de développement de cette opinion. Ces considérations ne sont pas faites, croyons-nous, pour la recommander.

### XXIV. Conclusion.

§ 70. — Nous avons vu d'où venait et comment s'était formée, en passant par des modifications successives, non sans restrictions, non sans plus d'une réserve toutefois, l'opinion que l'immunité

1. Cette opinion est défendue encore dans un ouvrage publié depuis l'achèvement de la présente étude, et dont nous n'avons eu que tardivement et tout récemment connaissance, l'*Histoire de l'organisation judiciaire en France. Époque Franque,* par Ludovic Beauchet, professeur à la faculté de droit de Nancy. Paris, 1886. Nous ne pouvons que mentionner ici cette œuvre importante, nous réservant de l'étudier ultérieurement, comme il convient de le faire.

est la source de la justice privée. Nous savons, par l'histoire de cette opinion, ce qu'il est permis d'en penser. Les documents lui sont d'ailleurs tout à fait contraires.

L'immunité, nous l'avons reconnu, n'a nullement pour objet, d'après les titres, de constituer une juridiction et de donner à cet effet des droits nouveaux au privilégié. Elle ne tend pas à autre chose qu'à protéger celui-ci dans l'exercice de ses droits antérieurs, en le mettant à l'abri des entreprises et des exactions des juges ou officiers publics, laissant toutefois à peu près intacte la juridiction de ces derniers, dans les limites que leur imposait déjà la justice patrimoniale des grands possesseurs (§§ 12, 13), et sous la réserve de ce qui pouvait résulter en outre de la mundeburde du roi dont l'immunité comportait accessoirement, dans une certaine mesure, l'exercice (§§ 15 à 18). La mise en jeu de cette mundeburde était au reste peu fréquente, on a lieu de le croire, dans ces conditions, et ne concernait guère que des cas exceptionnels. Ajoutons que l'institution, nous l'avons fait remarquer, n'était pas une innovation, mais un ressort appartenant d'ancienneté au droit général de ce temps. Pour ce qui est de l'immunité proprement dite, afin de discuter en connaissance de cause ce qui en a été dit à l'occasion de la justice privée, nous avons rappelé ce qu'on peut déduire à ce sujet de l'étude des textes (§§ 4 à 20).

Nous regardons comme acquis, d'après ces documents, que les dispositions essentielles de l'immunité sont les interdictions qu'elle oppose aux juges publics, d'entrer pour y accomplir aucun acte judiciaire ou administratif dans les domaines privilégiés, et que ces dispositions ne sont constitutives d'aucune juridiction nouvelle. Quant à l'importante concession des droits du fisc, qui accompagne ordinairement l'immunité, ce n'est qu'une disposition accessoire qui lui est en principe étrangère et qui, avec un caractère avant tout fiscal concernant exclusivement la jouissance de certains revenus, celle notamment des produits de la justice et des impôts, n'implique nullement dans ses conditions originaires l'exercice de la juridiction.

Voilà ce que nous apprennent les textes. Les objections qui en ressortent contre les systèmes que nous combattons ne sont pas nouvelles. On en trouve l'expression plus ou moins précise ou au moins des indications dans les écrits des auteurs de tous les temps, depuis le XVII<sup>e</sup> siècle. Sans s'expliquer formellement sur la part assignée par le vieux préjugé à l'immunité dans les origines de la justice privée, plusieurs se montrent, par omission au moins, contraires à l'opinion qu'elle en ait été la source. C'est ce qu'on peut conclure du silence qu'ils gardent à cet égard, et plus encore de ce qu'ils attribuent ce rôle à d'autres causes. Pardessus va plus loin et, dans ses premiers écrits sur la matière, il reconnaît, quoiqu'il ait définitivement conclu d'une manière toute contraire, que les chartes d'immunité ne contiennent l'expression d'aucune concession de juridiction : « Les chartes (de la première race), dit-il, « ne déclaraient pas d'une manière expresse que « cet exercice (celui de la juridiction) appartien- « drait à l'immuniste[1]. » Un semblable aveu a de l'importance, de la part d'un homme qui regarde la justice privée comme engendrée par l'immunité. Avant Pardessus et après lui, des déclarations analogues sont faites par Houard (§ 38) et par Lehuërou (§ 52), dont elles ne contrariaient pas, il est vrai, les systèmes. Il est plus extraordinaire et plus intéressant de relever la même observation dans le dernier écrit de M. F. de Coulanges (§ 61), qui admet cependant, comme Pardessus, que la justice privée résulte de l'immunité. Nous

---

1. *Bibliothèque de l'École des chartes*, t. II, 1840-1841, p. 99, et *Loi salique*, 1843, p. 584. — La déclaration de Pardessus, dont il a été déjà précédemment question (§§ 48, 49), vise spécialement (une inadvertance nous a seule empêché de le marquer) les chartes d'immunité les plus anciennes, celles de la première race. Mais les chartes subséquentes ne disent rien de plus touchant la justice, sauf celles en très petit nombre qui contiennent en outre, comme le diplôme de 815 (Baluze, *Capitul.*, t. II, p. 1405), une concession expresse de la juridiction. Elles doivent naturellement dans ce cas être appréciées autrement que comme de simples chartes d'immunité.

n'avons rien de plus à dire de ceux qui suivent cette opinion.

Quant aux conceptions que certains auteurs substituent au thème accrédité par le vieux préjugé, elles semblent, pour ce qui est de quelques-unes au moins, imaginées à priori en vertu de théories enfantées indépendamment de toute appréciation préalable des textes qui concernent spécialement la question (§ 68), et plus ou moins heureusement étayées ensuite sur quelques-uns de ces textes, détachés des autres comme se prêtant plus particulièrement à cette application, sans parler des inexactitudes à relever dans les interprétations données parfois à ceux invoqués ainsi.

L'immunité n'est en réalité nullement le principe, la source première de la justice privée. Elle n'a exercé quelque influence sur l'institution que dans ses développements ultérieurs, et d'une manière indirecte seulement[2]. Quant à en avoir été

---

2. Ces résultats, au reste, ont pu ne pas se faire beaucoup attendre. De là, l'erreur de ceux qui ont pris ces conséquences indirectes et plus ou moins éloignées du privilège pour un régime immédiatement et formellement constitué avec lui. Dans les sociétés où est institué le privilège de l'immunité, le droit de justice avait pour le souverain un caractère surtout fiscal. Percevoir les *freda* en était l'attribut essentiel. Cette perception étant en vertu du privilège enlevée au comte, souvent abandonnée ensuite par le fisc, l'exercice de la juridiction n'était plus pour le souverain et ses officiers qu'une charge sans profit. Assez naturellement délaissée par eux dans ces conditions, en même temps qu'elle était recherchée

en quelque sorte le code constitutif, rien n'est moins vrai. On tire cette conclusion de certaines déductions mal établies. Les textes ne contiennent pas un mot qui ait proprement une semblable signification.

§ 71. — La justice privée ne vient pas originairement de l'immunité. Ce point admis, une question se présente. Si la justice privée ne vient pas de l'immunité, d'où vient-elle? La justice privée vient certainement pour une bonne part de concessions directes du droit de justice, qu'il ne faut pas confondre avec les concessions d'immunité et dont on trouve des exemples à partir du IX^e siècle au moins. Toute réserve faite pour cette source très positive de la justice privée, dans certains cas particuliers, n'y a-t-il pas quelque

par les possesseurs qui, dans les limites de la justice patrimoniale, en avaient déjà une partie, la juridiction devait tendre forcément à passer dans les mains de ces derniers. Ainsi a-t-il pu sembler, ainsi a-t-on pu dire que concéder les *freda*, les droits du fisc, c'était concéder la juridiction. Il n'en est rien cependant. L'entrée en jouissance de la juridiction par l'immuniste n'est pas un fait normal, mais un changement irrégulier, un développement accidentel qui se produit d'ailleurs d'une manière inégale suivant les temps et suivant les lieux. De là, bien des conséquences. La physionomie de l'histoire sur ce point en est profondément affectée. Ce n'est donc pas chose indifférente. Ces considérations s'adressent à ceux surtout qui, dans les temps modernes, ont relevé touchant la question d'origine de la justice privée la vieille opinion admise au moyen âge à ce sujet, sur les conséquences de l'aliénation des droits du fisc (§ 22).

pratique ou usage ancien d'une signification moins précise, mais d'un caractère plus général, auxquels on puisse la rattacher?

En étudiant dans les pages qui précèdent ce qu'ont dit nos devanciers et nos contemporains sur cette question, nous en avons trouvé, à côté de ceux d'entre eux qui font procéder de l'immunité la justice privée, un certain nombre d'autres qui lui assignent des origines différentes. Ce serait, suivant l'un, la justice arbitrale volontairement attribuée au maître, au seigneur; suivant un second, l'autorité qui appartient à celui-ci comme chef d'une corporation; suivant d'autres encore, l'usurpation pure et simple. Pour quelques-uns enfin, le principe de la justice privée serait un des attributs de la propriété. Cette dernière opinion mérite, ce nous semble, tout particulièrement d'être prise en considération. C'est vers elle que nous inclinons finalement.

Les faits eux-mêmes recommandent, croyons-nous, cette solution. Revenons, pour nous en rendre compte, au point de départ de la présente étude, à l'analyse que, à son début, nous avons donnée des textes du privilège d'immunité, avec le tableau de ce qu'était le régime ordinaire de la juridiction lorsqu'apparaît cette institution (§§ 12, 13). La juridiction émanant de la puissance publique était en principe exercée par le souverain dans sa cour, au *palatium*, et dans les provinces, dans les *pagi*, par ses agents et délégués, les comtes et autres officiers publics, au *mallum* dans les *placita majora* ou bien dans les plaids de moindre importance, *placita minora*. Cette juridiction avait un caractère général; mais, de toute ancienneté, sans qu'on sût comment cela avait commencé, elle s'arrêtait en quelques points devant les droits du maître investi d'une certaine autorité sur les choses de son domaine et sur les hommes qui, à divers titres, y vivaient soumis de ce fait à son *mundium*, à son patronage[1].

Ces droits du maître dans son domaine ne sont contestés par personne[2]. Un de leurs corollaires bien établi était la responsabilité du patron pour ses hommes, l'obligation où il était de répondre d'eux et pour eux devant les juges publics, de les amener même à leur tribunal, lorsque la nature de la cause le comportait; en dehors de quoi, les affaires d'ordre inférieur qui pouvaient les con-

---

1. « Une charte de concession de justice n'était pas néces- « saire à un maître pour qu'il exerçât son pouvoir domes- « tique et économique sur les esclaves, sur ce que le cha- « pitre iv du capitulaire *de villis* appelle *familia*. » Ainsi s'exprime Pardessus dans ses premiers mémoires (*Bibl. de l'École des chartes*, t. II, p. 104, et *Loi salique*, p. 591). Cette déclaration du savant auteur est d'accord avec une opinion que nous avons cru pouvoir dégager de son argumentation sur les origines de la justice privée (§ 48, note 1).

2. Quelques-uns même, comme Montesquieu (§ 31) et comme Houard (§ 38), mentionnent cette notion, sans la faire entrer dans leur théorie sur les origines de la justice privée.

cerner étaient réglées par lui, en vertu de l'autorité qu'il avait sur eux, laquelle allait jusqu'à les contraindre et à les punir au besoin. Il résultait de là, au profit des détenteurs de la grande propriété, une sorte de juridiction inférieure, la juridiction patrimoniale, *justitia familiaris* (§ 49, note 3). C'est la juridiction du maître, *patronus*, exercée soit par lui-même, soit par ses agents ou officiers particuliers : régime indépendant de l'immunité et antérieur à elle. Ce régime est notamment celui des terres du fisc, sur lequel on est suffisamment renseigné et qui offre de cette situation un tableau auquel il n'y a que peu de chose à changer pour conclure de ce qui se passait dans le domaine privé du roi, à ce qui existait d'une manière analogue dans celui de tout grand possesseur, touchant l'exercice de la justice patrimoniale.

Tels sont les faits. Ils sont, croyons-nous, au-dessus de toute contestation. Leur examen conduit naturellement à des inductions qui n'ont peut-être pas autant qu'eux le caractère de la certitude, mais qui leur empruntent au moins celui d'une grande probabilité. Ces inductions donnent lieu de penser que les droits dont ces faits sont la manifestation, et dont la notion se dégage de leur appréciation, doivent remonter loin. Il semble qu'ils ont pu résulter de la combinaison de deux éléments, de caractère l'un domestique, l'autre domanial. Le premier procéderait de l'autorité d'ordre en quelque sorte naturel qui, dès une haute antiquité, appartient chez tous les peuples au père sur sa famille, au maître sur ses esclaves ; le second se formulerait comme une espèce de corollaire du droit de propriété, et impliquerait pour le possesseur autorité dans son domaine, et sur le fonds et sur ceux qui, de son aveu, y vivent ; fait selon toute apparence primordial, qui semble comme la propriété elle-même un des principes essentiels et constitutifs des sociétés à leur naissance.

Laferrière, dans ses études sur le droit français, signale chez nous des indices très anciens de ces droits inhérents à la propriété. Il les reconnaît, avec un caractère historique, dans les coutumes galliques notamment, où l'on retrouve des traces du régime social des Gaulois, nos ancêtres ; puis, en descendant vers nous, dans le *patrocinium* gallo-romain du Vᵉ siècle, dans les coutumes carolingiennes que nous révèlent les capitulaires et les formules ; et, en se rapprochant toujours de nous, dans certaines coutumes de nos vieilles provinces, comme les usances du domaine congéable en Bretagne, la juridiction du grand propriétaire d'alleu dans le midi de la France, usages immémoriaux, fondés sur une tradition qui, en remontant, dépasse les premiers jalons des connaissances historiques.

On trouve là quelques traits du caractère et des origines de la juridiction patrimoniale, devant laquelle s'arrête, à l'entrée du domaine privé, la justice publique, dans l'État carolingien comme sous les Mérovingiens : droit antique du grand possesseur, attribut à ce qu'il semble de la propriété elle-même. C'est ce droit notamment, plus ou moins compromis par les empiétements abusifs et par les exactions des officiers de justice, que vient garantir, au moyen de prescriptions bientôt renforcées par une pénalité spéciale, le privilège de l'immunité. Sous cette garantie, les droits du possesseur s'affermissent et se développent de plus en plus. Comment ne pas reconnaître que dans cet ensemble de faits se manifeste la constitution première de la justice privée elle-même ; que l'immunité a pu grandement favoriser l'essor de ce régime spécial, mais qu'elle n'en est pas le principe ; et que ce principe, c'est dans cette autorité reconnue comme un attribut de la propriété même, dans la juridiction patrimoniale dont on voit ainsi l'origine, qu'il faut le chercher ?

Cette solution du problème n'est pas une nouveauté. Elle a été entrevue et indiquée, le plus souvent dans les considérations accessoires jointes à leurs conclusions, par plusieurs de ceux qui se sont occupés de la question. Montesquieu se rapproche de cette idée en disant que la justice est pour les laïques un droit propre du fief, pour les

Églises une sorte d'attribut de la propriété (§ 31);
Houard, en reconnaissant l'existence d'une juridiction inférieure exercée sur les hommes de son
domaine par le maître, le possesseur (§ 38). La
juridiction du maître sur les hommes libres et non
libres vivant dans son domaine est acceptée aussi
par l'abbé de Gourcy (§ 41). Pardessus n'admet
pas que la justice patrimoniale soit autre chose
que le résultat d'une concession, mais il la rapproche du régime en vigueur sur les terres du
fisc, dont il voit le principe dans ce qu'il appelle
la justice dominicale ou domestique des Francs
(§ 48). Lehuërou déclare formellement que la justice privée a son origine dans la justice dómaniale,
attribut naturel, dit-il, de toute propriété (§ 52).
M. Flach adopte plus tard à peu près les mêmes
idées (§ 65).

Nous pouvions, on le voit, nous appuyer sur
des précédents de quelque autorité en rattachant
à certains attributs de la propriété les origines de
la justice privée. C'est ainsi que nous avons été
amené à déclarer, dans notre premier travail,
« que l'immunité n'est pas la source des justices
« privées, et que c'est à un développement du
« droit de propriété que ce rôle appartient vrai-
« semblablement [3]. » Après la nouvelle enquête
que nous venons de faire, après avoir revu et les

3. *L'Immunité,* 1882, § 12.

textes et les appréciations qu'ils ont inspirées à ceux qui ont étudié jusqu'aujourd'hui la question, cette déclaration se présente toujours à nous comme la solution cherchée. Ce sera encore la conclusion de notre travail actuel.

Ces considérations n'infirment pas l'observation, consignée au commencement du présent paragraphe, que la justice privée vient pour une bonne part des concessions directes de la juridiction, dont on a de nombreux exemples à partir du IX^e siècle. A ces concessions se rapporte ce que nous avons dit, au début de notre travail, que la justice privée était comme un démembrement de la puissance publique (§ 1). C'est là, en effet, une des sources de la justice privée, c'en est la source la plus abondante peut-être, mais non la source primordiale. Celle-ci serait plutôt la justice patrimoniale, attribut du droit de propriété, comme nous l'avons dit.

En se rattachant ainsi à la justice patrimoniale, aux droits du possesseur et du chef de famille, la justice privée prend un caractère inattendu. Ce n'est plus celui d'un lambeau arraché aux prérogatives de la souveraineté dans ses défaillances et d'un régime institué accidentellement en vertu de dispositions particulières. C'est celui d'un mécanisme en quelque sorte autonome résultant de la nature des choses. A ce point de vue et dans ces données, la justice privée s'élève ; son origine s'enfonce dans le passé et remonte à une date plus ancienne peut-être que celle où commence la justice publique elle-même, si l'on considère que l'existence de la famille et la constitution de son domaine sont des faits nécessairement antérieurs à l'institution et à la police des États.

La justice privée nous apparaît dès lors comme un des ressorts de l'organisme des plus anciennes sociétés humaines, comme un débris persistant de leur régime originaire, comme une de ces formes primordiales qui sont destinées à s'effacer graduellement et à disparaître insensiblement au milieu des améliorations et des perfectionnements dus aux développements de la civilisation. Entraînée sur la pente naturelle qu'elle descendait ainsi, la justice privée se serait perdue bientôt, au sein de l'État en progrès, si les désordres du moyen âge n'étaient venus lui rendre fortuitement une vitalité qui s'est soutenue presque jusqu'à nos jours. Les concessions de juridiction dont nous avons parlé ont été un des agents directs de cette reprise et de cette prolongation d'existence. L'immunité, par ses conséquences plus ou moins éloignées, y a aussi, à son heure, indirectement contribué. A cela se réduit sa part, non dans l'origine — celle-ci lui est étrangère — mais dans les développements ultérieurs et dans l'organisation progressive de la justice privée.

## EMENDANDA.

| *Au lieu de :* | *Lisez :* |
|---|---|
| P. 30, l. 30 : effectué. | effectué; c'est là ce qu'il eût fallu montrer. |
| P. 36, l. 4 : secondaire | secondaire, *justitia familiaris* (§§ 49, 71), |
| P. 96, l. 9 : les chercher. | les chercher (§ 68, note 2). |
| P. 130, l. 25 : de biens. | de biens. Les deux autres sont des concessions de mundeburde plutôt que d'immunité. Dans aucune de ces trois chartes il n'est question de la concession du *jus fisci*. |
| P. 137, l. 8 : aucun texte | aucun texte, à l'époque mérovingienne au moins (§ 70, note 1), |
| P. 137, l. 12 : (d'immunité), | (d'immunité mérovingiennes), |
| P. 139, l. 4 : qu'ils | que les plus anciens |

Imprimerie Daupeley-Gouverneur, à Nogent-le-Rotrou.